KB233626

# 부모 역할, 연습이 필요하다

 **부모 역할, 연습이 필요하다**

**초판 1쇄 인쇄** | 2014년 5월 20일
**초판 1쇄 발행** | 2014년 5월 25일

**지은이** | 조무아
**펴낸이** | 박영욱 · 정희숙
**펴낸곳** | 깊은나무

**편집** | 지태진
**마케팅** | 최석진 · 김태훈
**표지 디자인** | 서정희
**본문 디자인** | 임덕란

**주소** | 서울시 마포구 월드컵로14길 62
**이메일** | deeptreebook@naver.com
**전화** | 편집문의 02-325-9172  영업문의 : 02-322-6709
**팩스** | 02-3143-3964

**출판신고번호** | 제2013-000006호

ISBN 978-89-98822-05-7 (13370)

*이 도서의 국립중앙도서관 출판시도서목록(CIP)은 e-CIP홈페이지(http://www.nl.go.kr/ecip)
 와 국가자료공동목록시스템(http://www.nl.go.kr/kolisnet)에서 이용하실 수 있습니다.
 (CIP제어번호 : CIP201401529)

좋은 부모, 훈련으로 완성한다

# 부모 역할, 연습이 필요하다

조무아 지음

깊은나무

# 노력하는 부모가
# 좋은 부모다

아이를 키우는 방법에는 정답이 없다. 이를 일컬어 교육학에서는 '절대는 절대로 없다'고 말한다. 그렇지만 우리는 좋은 부모가 되기 위해, 내 아이에게 맞는 최선의 답을 찾기 위해 노력해야 한다.

명의(名醫)에는 세 종류가 있다고 한다.

그 첫째는 '약의(藥醫)'로 처방을 잘해서 병을 낫게 하고, 둘째는 '식의(食醫)'로 음식으로 건강을 가꾸게 하고, 셋째는 '심의(心醫)'로 마음을 다스려 건강하게 하는 것이다.

약의의 역할은 치료를 하는 것이고, 식의와 심의의 역할은 예방을 하는 것이다. 치료를 잘하는 의사보다 예방을 잘하게 돕는 의사가 더 좋은 의사인 것이다.

부모 역시 마찬가지다. 아이가 무언가 문제점을 보이기 시작하고 힘들어해야 관심을 쏟고 해결책을 찾아 동분서주하는 부모보다 평소에 아이가 즐겁고 행복하게 살 수 있도록 도와주는 부모가 더 좋은 부모다.

이제부터 우리 자녀가 건강하고 행복한 삶을 살 수 있도록 돕는 방법을 하나하나씩 찾아보기로 하자. 너무 성급해서는 곤란하다. 내가 찾는 해답이 당장 나오지 않는다고 초조해하거나 안달할 필요는 없다.

부모와 자녀의 관계도 인간관계다. 인간관계에는 수천수만 가지 경우가 있다. 이 책에서 사례를 하나하나 모두 열거할 수는 없다. 하지만 P.E.T(효과적인 부모 역할 훈련) 프로그램을 통해 여러 가지 사례를 응용하여, 마치 명의가 되듯이 좋은 부모가 될 수 있도록 기본적인 이론과 실례를 최대한 수록하려고 하였다.

이 책이 처음 빛을 보았을 때의 책 제목은 《앞선 엄마 우리 아이 멋진 인생 만든다》였다. 그 이후 출판사의 사정으로 증보 과정을 거쳐 책 제목이 바뀌고 《부모역할》 다음으로 다시 개정 과정을 거쳐 이 책을 독자분들에게 선보이게 되었다. 더 좋은 부모가 되려는 독자들에게 이 책이 의미 있고 보람찬 경험을 제공할 수 있기를 기원한다.

조무아

**CHAPTER 2**

# 눈높이를 맞추면
# 아이 스스로 마음을 연다

# 우리 아이의 미래,
# 부모 하기 달렸다

# 부모가 변해야
# 아이도
# 변한다

부모들의 아이에 대한 걱정거리는 끝이 없다. 어떤 부모는 '편식' 때문에, 어떤 부모는 '비만' 때문에, 어떤 부모는 '자세' 때문에, 어떤 부모는 '예의범절' 때문에, 어떤 부모는 '왕따' 때문에, 어떤 부모는 '거짓말' 때문에 걱정을 한다.

아이를 키우는 부모 입장에서는 어느 것 하나 걱정거리가 아닌 것이 없다. 그러나 언제까지 아이걱정만 하면서 지낼 것인가? 이는 생각의 변화에서 시작한다.

생각의 변화는 행동의 변화를, 또 습관의 변화를, 습관의 변화는 성격의 변화를, 성격의 변화는 인생과 운명의 변화를 일으킨다.

부모 자녀 관계의 변화는 부모의 노력과 부모 자신의 변화에서 시작되는 것이다.

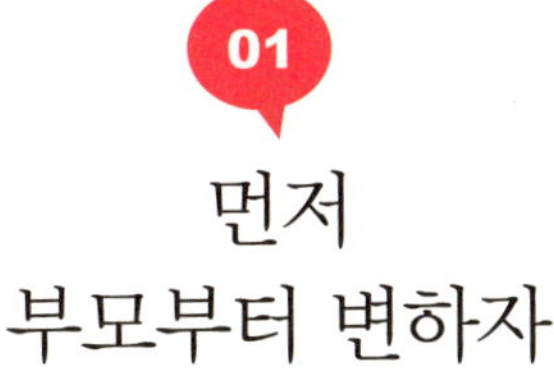

# 먼저
# 부모부터 변하자



## 우리 아이
## 무엇이 문제인가?

많은 부모들이 요즘 아이들 키우기가 정말 힘들다고 입버릇처럼 말한다. 예전 아이들은 부모나 선생님 말씀을 잘 들었지만 요즘 아이들은 좀처럼 말을 듣지 않는다는 것이다. 청개구리도 이런 청개구리가 없다고 입을 모은다.

"초등학교 5학년인 우리 아들은요, 학교에서 돌아오기만 하면 책가방을 집어 던지기가 무섭게 컴퓨터에만 매달려 있어요. 그래서 컴퓨터 좀 그만하고 공부하라고 하면 건성으로 대답할 뿐 전혀 움직일 생각을 안 해요. '공부해라, 공부해라' 란 말을 늘 입에 달고 살아요."

"어휴, 그 정도는 약과예요. 우리 애는 노는 데는 일등이에요. 학교에서 돌아오면 뒤도 안 돌아보고 놀러 나가지요. 억지로 잡아다가 공부 좀 시키려고 하면 게임기 붙잡고 있지, 밥숟가락만 놓으면 졸려서 쩔쩔매지, 말도 말아요.”

“우리 딸아이는 중학생인데 무슨 불만이 그렇게 많은지 학교에서 돌아오면 통 말을 안 해요. 초등학생 때는 학교에서 돌아오면 학교에서 생긴 일을 묻지 않아도 재잘재잘 잘도 얘기하더니 요즘은 통 말을 안 하니까 이거 원 답답해서 살 수 있어야지요. 학교에서 무슨 일이 있었느냐고 물어도 대답도 않고 친구하고 싸웠느냐고 해도 말도 않고……, 제일 힘든 건 대화가 되지 않는 거예요.”

“그런 말 마세요. 뭐니 뭐니 해도 제일 힘든 것은 싸움질하는 거예요. 우리 아들은 4학년인데 밖에만 나갔다 하면 싸워요. 그러다 보니 몸뚱이가 성한 날이 하루도 없어요. 넘어져서 다치고 얻어터지고……, 더구나 다른 애들에게 상처를 입힌 날은 그쪽 부모한테 찾아가 잘못했다고 빌기도 하고 병원으로 데려간 적도 여러 차례 있어요.”

“우리 아이는 산만해서 큰일이에요. 그러니 시험을 볼 때도 아는 것을 쓰지 못하고, 숙제도 다 해 놓고 빠뜨리고 가기 일쑤고, 교과서도 잃어버려서 몇 번씩 사 주고……, 한자리에 앉아 있질 못해요. 잔소리를 해 대도 소용없어요.”


부모들의 걱정거리는 끝이 없다. 어떤 부모는 ‘편식’ 때문에 걱정을 하고, 어떤 부모는 ‘비만’ 때문에, 어떤 부모는 ‘자세’ 때문에, 어떤 부모는 ‘씻는 것’ 때문에, 어떤 부모는 ‘예의범절’ 때문에, 어떤 부모는 ‘왕따’ 때문에, 어떤 부모는 ‘거짓말’ 때문에 걱정을 한다. 아이를 키우는 부모는 어느 것 하나 걱정거리가 아닌 것이 없는 것 같다. 이러한 걱정은 아이를 잘 키우고 싶고 좋은 부모가 되고 싶은 마음에서 비롯된 것이다.



## 자주 다치거나 싸우는 아이

초등학교 2학년인 아들애는 밖에서 잘 넘어지고 다치고 싸우기도 한다. 그래서 자주 몸에 상처가 나서 들어왔고, 그럴 때마다 엄마는 화가 나고 아이가 못마땅했다. "어디서 그랬느냐?", "누구하고 싸웠느냐?", "왜 그랬느냐?"면서 아이를 추궁했고, "앞으로 조심해라", "싸우지 마라" 등으로 훈계하고 설득해 왔다. 그러자 아이는 점점 밖에서 문제가 생기면 엄마한테 얘기를 하지 않으려고 했고, 때로는 거짓말을 하기도 했다.

그럴 즈음에 부모역할훈련 프로그램(P.E.T.)에 참가하게 되었는데, 세 번째 모임을 끝내고 난 후 어느 날이었다. 아이가 학교에서 돌아와서 엄마와 얼굴을 마주치지 않으려고 피하는 듯하기에 아이의 얼굴을 보았더니 눈 밑에 퍼렇게 멍이 들어 있었다. 엄마는 잠깐 생각했다. 아이가 아픈데 내가 화를 낼 문제가 아니라고, 그래서 엄마는 반영적인 경청으로 아이의 마음을 읽어 주었다.

"눈 밑에 멍이 들었네. 아팠겠구나."

아이는 의아한 듯 엄마를 빤히 쳐다보았다. 평소의 엄마 태도가
아니었으니까 그럴 만도 했다.

"엄마한테 혼날까 봐 걱정했구나."

아이는 안심한 듯 불안한 표정이 사라졌다. 엄마는 그다음에 무슨
말을 해야 좋을지 몰랐다. 그때까지 공부한 것은 그 정도가 전부였으
니까. 그런데 오래지 않아 아이가 스스로 입을 열었다. 묻지도 않았
는데 말을 하는 것이 신기했다.

"엄마, 왜 이렇게 되었는지 이야기할게요. 있잖아요, 운동장에서
체육 끝나고 수돗가에 빨리 가려고 막 뛰어갔다가 수도꼭지에 꽝 부
딪쳤어요."

"응, 그랬구나. 얼마나 아팠니?"

엄마는 아이의 실수를 인정하고 수용할 수 있었고, 아이도 엄마도
편안한 마음으로 웃을 수 있었다. 엄마가 예전처럼 얼굴에 왜 멍이 들
었느냐고 추궁하고 혼냈다면 아이는 엄마의 기세에 눌려 위축되었을
것이고, 사실을 솔직하게 말하는 데 부담을 느꼈을 것이다. 아이가 빨
리 대답을 못하거나 머뭇거리면 엄마는 더 화가 나서 아이를 야단치지
않았을까. 아이가 겨우 사실대로 말했더라도 엄마는 믿기지 않아 싸움
을 하고선 거짓말을 하는 것이 아닐까 의심했을 수도 있다.

엄마가 태도를 바꾸어 잠깐 생각해 보고 아이를 수용한 결과, 모자

는 편안한 마음으로 함께 웃을 수 있었다. 그래서 서로 신뢰하는 좋은 관계가 시작된 것이다. 내키는 대로 불쑥불쑥하는 말과 잠깐 생각해 보고 적절히 선택해서 하는 말의 차이는 엄청나게 크다. 작은 시작이 큰 변화를 가져온다고 하지 않는가?

사람의 변화는 생각의 변화에서 시작한다. 생각의 변화는 행동의 변화를, 또 습관의 변화를, 습관의 변화는 성격의 변화를, 성격의 변화는 인생과 운명의 변화를 일으킨다. 부모 자녀 관계의 변화는 부모의 노력과 부모 자신의 변화에서 시작되는 것이다.

나를 2% 바꾸면
세상의 20%가 달라 보인다

## 아이 편을 드는 할머니

KBS 방송에서 상담 중에 60대 할머니가 전화를 해 온 사례다. 손자 교육에 대해 아들과 의견 차이가 심해서 갈등을 겪고 있다며 어쩌면 좋을지 물었다.

초등학교 2학년인 아이에게 아빠는 매사에 엄격하게 대하고, 할머니는 손자가 안쓰러워서 자애롭게 대하는데 요즘 와서는 아빠와 할머니가 서로 자신의 방법이 옳다고 대립하면서 모자 관계에 심각한 문제가 생겼다고 했다.

아빠는 아이를 들들 볶는 수준이고, 할머니는 그러는 아이 아빠를 도저히 이해할 수 없을 뿐 아니라 보기 싫고 미워진다고 했다. 식탁에서 자세가 조금만 흐트러져도 아빠는 야단을 치고 "반찬을 골고루 먹지 않는다", "밥을 많이 먹지 않는다", "남자답지 못하다"고 잔소리를 한다. 할머니는 보다 못해 아이가 편하게 밥을 먹도록 두라고 말하는데, 그러면 아이 아빠는 할머니 때문에 아이 버릇이 나빠진다고 화를 내고, 식사 분위기는 순식간에 불편해진다고 했다.

이러한 상황은 공부를 할 때도, TV를 볼 때도 수시로 벌어지고, 아빠 눈치만 보는 손자가 애처로워 어떻게 해야 할지 모르겠다고 했다. 할머니는 또 당신의 아들인 아이 아빠는 그 나이 때 더 엉망이었는데 자신의 옛날 모습은 다 잊어버리고 아들을 괴롭히는 게 못마땅하다고 했다. 자녀를 대하는 태도에서 아이 아빠가 옳은지 할머니 자신이 옳은지 판단을 해 달라고 했다.

인간관계를 바꾸는 세 가지 방법을 로버트 콘클린(Robert Conclin)은 다음과 같이 제시했다.

1. 상황을 바꾸기
2. 상대(타인)를 바꾸기
3. 나(자신)를 바꾸기

이 세 가지 방법 중에서 상황을 바꾸기가 어려울 때는 '너'를 바꾸거나 '나'를 바꿔야 한다. 그런데 '너'를 바꾸기는 거의 불가능하고,

'나'를 바꾸기는 어렵지만 가능하다.

나 자신의 변화를 통해 상대방에게 영향을 미치고, 상대방은 스스로의 의지로 변화를 시도하도록 기다리는 것이 바람직하다.

위의 사례에서 문제를 느끼고 상담해 온 할머니가 먼저 바꿀 수 있는 점을 찾아서 노력하는 것이 좋다. 아이 아빠 입장에서는 할머니가 손자를 끼고 돈다고 생각할 수 있고, 아이 앞에서 아빠를 나무라면 아빠의 권위에 문제가 생긴다고 생각할 수도 있다.

'제 새끼 안 잡아먹는다'는 말이 있다. 부모가 특별히 문제가 있는 사람이 아니라면 자식을 나무라거나 야단칠 때 옆에서 끼어들지 않는 것이 좋다. 엄마나 아빠가 나무랄 때 다른 한쪽이 끼어들거나 부모 중 누군가가 나무랄 때 할머니, 할아버지가 끼어들면 상황이 더 나빠지는 경우가 많기 때문이다.

사람은 누구나 간섭을 받으면 싫고 화가 더 나게 된다. 따라서 할머니가 문제 상황에서 아이 편을 들고 아빠를 나무라는 것은 바람직하지 않다. 아이 아빠의 태도에서 못마땅한 점은 모자간에 대화를 통해서 조정하도록 노력하는 것이 좋다. 이때 상대방의 잘못을 지적하여 고치라고 하는 것보다 나의 생각이나 느낌, 염려스러운 점을 알려 주는 것이 효과적이다.

# 02

# 상호 존중이
# 자녀교육의 첫걸음

넘침보다는
비움으로 자녀를 키우자

## 아이가 부르기만 하면 달려가는 엄마

아들과 딸을 둔 한 여자 연예인이 TV 토크쇼에 나와 진행자와 대화를 하고 있었다.

"엄마로서 자녀들에게 특히 잘한다고 생각하는 점이 무엇인가요?"

"나는 아이들을 존중하면서 키워요. 아이들이 나를 찾으면 항상 달려가죠. 어떤 일보다도 아이들 말을 듣는 것을 최우선으로 하고 있어요."

"대단하십니다. 그러기가 쉽지 않은데."

그러고는 다른 대화로 주제가 넘어갔다. 얼핏 들으면 그 연예인은 대단히 좋은 엄마라고 생각할 수 있다. 실제로 좋은 엄마 역할을 하고 있을 수도 있다. 그러나 TV를 시청하는 많은 엄마들이 오해할 수 있는 부분을 간과해 버리는 것이 안타까웠다.

강조를 하느라고 그렇게 말했을 수도 있지만 듣는 사람이 잘못 이해하고 자신의 자녀에게 적용해서 불필요한 시행착오를 겪을 수 있기 때문이다. 이 엄마가 한 말을 다음과 같이 바꿔 보면 어떨까?

"나는 아이들을 존중해요. 아이들이 나를 찾으면 가능한 달려가죠. 다른 일보다 아이들 말을 듣는 것을 더 중요시해요."

부모와 자녀의 관계는 어느 한쪽이 중심이 되는 관계보다 상호 존중하고 배려하는 관계가 바람직하다. 자녀가 어릴 때는 부모가 강자이니까 자녀 입장을 배려하려고 노력할 때 서로의 관계에 균형이 잡힐 것이다. 흔히 눈높이를 맞춘다는 표현을 쓰기도 한다. 자녀를 존중하는 것은 바람직하지만 일방적으로 자녀에게 힘을 실어 주어서 부모가 자녀 뜻만 받들고 자녀가 원하는 대로만 움직이면 또 다른 문제를 낳게 된다. 어떤 부모도 자녀를 자기중심적이고 비타협적인 안하무인으로 키우고 싶지는 않을 것이다.

그 연예인이 한 말 중에 '항상 달려간다', '어떤 일보다도 최우선으로 한다'는 말이 염려스럽게 들린 부분이다. 엄마가 하는 일이 중요할 때는 그 일을 먼저 끝내야 할 수도 있고, 엄마가 힘들 때는 아이의 요청을 거부할 수도 있는 것이다. 물론 그 방법이 적절해야 한다.

예를 들어, 엄마가 요리를 하고 있는데 아이가 같이 놀아 달라고 할 때 하던 요리를 그만두고 아이 말을 들어주는 것이 꼭 적절할까? 엄마가 해야 할 중요한 일이 있어도 아이가 원하는 것부터 꼭 먼저 해 줘야 할까? 엄마도 필요한 경우 당당하게 자신의 문제를 말해야 아이에게 이해받을 수 있고, 아이에게 타인을 배려하는 마음을 심어 줄 수 있다. 부모에게 언제나 이해받으며 자기 뜻대로 살아온 자녀는 남을 배려하는 방법을 배울 수 없는 법이다. 안에서 새는 바가지 들에 나가도 샌다는 말이 생각난다.

## 새로운 정보를 무조건 받아들이는 엄마

같은 아파트 이웃집에 사는 영우 엄마는 아이를 야단치는 법이 없었다. 성민이 엄마가 이사를 온 후 영우 엄마를 알게 되면서 유심히 봐 온 일이다. 처음에는 정말 너그러운 엄마라고 생각했다. 그런데 꼭 그렇게 볼 일만은 아닌 것 같았다. 아이가 잘못해도 나무라지 않고 심지어 남에게 피해를 줘도 적당히 넘어가는 것을 보고 저러면 안 된다는 생각이 들었다. 성민이 엄마는 부모역할훈련 프로그램에 참가하면서도 아이에게 야단치는 것을 줄이기가 힘든데, 이웃집 엄마의 태도가 도저히 이해가 되지 않았다. 하루는 궁금증을 풀어 보리라 다짐을 하고 이웃집 엄마에게 물어보았다.

“영우 엄마는 어쩌면 그렇게 애들한테 너그러울 수가 있어요. 한 번도 야단치는 걸 본 적이 없어요.”

그랬더니 “야단 안 치려고 무척 노력하고 있어요. 야단칠 때마다 IQ가 떨어진대요”라고 하는 것이 아닌가.

“아니, 무슨 얘기예요. 그런 게 어딨어요?”

“못 보셨나 봐. 몇 달 되었어요. OOO신문에 났어요. 야단칠 때마다 IQ가 얼마씩 떨어진다고요.”

성민이 엄마는 그 말을 믿어야 할지 말아야 할지도 모르겠고, 설사 그렇다고 한들 야단칠 일을 그냥 넘기면 안 된다는 생각도 들었다.

우리는 정보가 넘쳐나는 세상에 살고 있다. 많은 정보가 우리를 편하게 하기도 하지만 우리를 혼란스럽게 만들기도 한다. 통합되지 않은 단편적인 정보는 우리 삶에 오히려 부정적인 영향을 끼칠 수도 있다. 전체를 보고 부분을 보는 지혜, 말하자면 숲을 보고 나무를 보는 지혜가 있을 때 부분을 더 정확하게 이해할 수 있는 것이다. 그러지 못하고 부분부분을 전체로 오해하고 확대 해석해서 삶에 적용한다면 많은 곤란한 일이 생길 수 있다. 위 사례는 이러한 경우에 속한다고 할 수 있겠다.

그즈음 필자도 중앙일간지에 난 기사를 보았다. 외국의 한 연구 결과를 소개한 기사였다. 연구 결과 중 일부분을 소개한 것이었고, 또 어떠한 연구도 완벽하지는 않다. 정보를 접하는 사람들은 개인적인 취향에 따라 취사선택하기도 하지만 각자의 시각에 따라 확대, 축소하기도 하고 때로는 적당히 각색하고 왜곡하기도 한다.

　야단을 치면 IQ가 떨어진다는 말은 맞는 말일 수 있지만 아이를 나무라지 말고 키워야 한다는 말은 아니다. 어떤 경우에 야단을 치면 안 되는지, 어떤 방법으로 야단을 칠 것인지를 같이 생각하지 않는다면 이러한 정보는 또 다른 문제를 부모들에게 가중시킬 뿐이다.

　아이가 이해할 수 없는 방식으로, 부모가 감정을 폭발시키는 형태로 야단을 쳐서 아이에게 상처를 주면 IQ가 떨어질 수밖에 없다. IQ뿐 아니라 EQ도 떨어진다. 그렇지만 아이가 남에게 피해를 줄 때나 스스로 할 수 있는 일을 하지 않을 때(사람마다 기준이 다를 수 있다) 그냥 방치하는 것은 결코 바람직한 일이 아니다. 아이가 자존감에 상처를 받지 않도록 존중하는 태도로 아이에게 잘못을 일러 줄 방법을 찾아야 한다.


## 엄마는 왜
## 그때그때 다르게 말해요?

　자녀 교육을 잘하기 위해서 부모가 일관성을 갖는 것은 참으로 중요하다. 자녀의 같은 행동에 부모가 다른 태도를 취한다면 자녀는 혼란스러울 것이고, 어느 쪽은 따르고 어느 쪽은 무시할 수밖에 없다. 또 어느 쪽을 선택하기도 곤란한 경우에는 아에 포기하거나 좌절할 수도 있다. 그래서 많은 사람들이 일관성이 중요하다고 외치는지도 모른다. 자녀 교육에 조금이라도 관심이 있는 사람이라면 일관성의 중요성을 익히 들어 왔을 것이다.

　그렇지만 실생활에서 일관된 태도를 취하기란 참으로 어렵다. 그래서 많은 부모들은 혼란을 겪을 수밖에 없다.

아무리 좋은 것도 지나치면 모자람만 못하다고 했다. 일관성도 마찬가지다. 좋은 부모가 되려고 노력하는 사람들에게 일관성이 하나의 족쇄가 되는 것 같기도 하다.

부모역할훈련 프로그램을 만든 토마스 고든(Thomas Gorden)은 비일관성의 원리를 주장한다. 인간 행동은 천태만상이고, 사람의 마음은 제각각이며 수시로 바뀌기도 한다. 그러므로 자녀의 행동 하나하나에 부모가 일관된 반응을 보이는 것은 애당초 불가능한 일이다.

무리하게 일관성을 유지하느라고 자신의 정직한 감정을 감추는 것보다는 순간순간 인식한 정직한 감정을 적절하게 표현하는 것이 훨씬 인간적일 수 있다. 그러면 자녀는 자연스럽게 부모의 변하는 감정을 인정하게 되고, 아빠와 엄마가 서로 다른 사람이라는 것도 받아들이게 될 것이다.

## TV 앞에만 앉아 있는 아이

예를 들어, 아이가 TV를 보는 것에 대해서 아빠는 다음과 같이 수용하는 태도로 말할 수 있다.

"수진아, TV가 재밌나 보구나."

그런데 엄마는 오랜 시간 TV 앞에 앉아 있는 아이가 못마땅할 수 있고, 그렇다면 정직하게 비수용하는 태도로 말할 수 있을 것이다.

"수진아, 엄마는 TV 앞에 오래 앉아 있는 거 못마땅해."

엄마, 아빠가 서로 생각이 다르다는 것을 알려 주되 누가 맞고 누가 틀렸다고 대립하는 것은 바람직하지 않다. 부모의 다른 의견을 자연스럽게 접한 아이는 스스로 생각해 보고 행동을 선택하거나 부모와 의논해서 자신의 행동을 선택할 수도 있는 것이다.

## 부모 역할
## 다섯 가지

인생은 선택의 연속이다. 순간순간의 선택이 모여 성공적인 인생이 되기도 하고, 또 실패한 인생이 되기도 한다. 일생을 살면서 해야 할 무수히 많은 선택들 중에서도 부모로서 자녀를 대할 때 하는 선택은 그 무엇보다도 중요할 것이다. 자녀 교육에는 정답이 없다고 말한다. 세상에는 완벽한 부모가 없고, 똑같은 자녀도 없기 때문이다. 모든 부모들은 부모 역할을 잘하고 싶고 자녀를 성공적으로 양육하고 싶은 바람을 갖고 있다. 그렇지만 자녀 양육은 부모 뜻대로 안 되는 일 중 으뜸이 아닐까 싶다.

'훌륭한 부모다, 아니다' 라고 판단하는 기준은 무엇일까? 너무나 많은 기준이 있을 수 있고, 그 기준이 항상 일치하는 것은 아니다. 단지 부모들이 훌륭한 부모가 되기 위해 고민하고 노력할 때 더 가치 있는 삶을 살게 될 것이다. 합의된 일정한 기준에 맞춰 부모를 평가한다고 하더라도 그 일은 자녀가 일생을 보낸 후에 가능하지 않을까 싶다. 한 과정 한 과정에서 거둔 성공만으로 그 사람의 삶을 섣불리 평가할 수는 없기 때문이다. 인생의 긴 여정을 두고 포기할 수 없는 일, 좋은 부모가 되기 위해서 노력해야 할 것들에 대해서 같이 생각해 보고자 한다.

미국의 심리치료가인 수잔 포워드(Susan Forward)는 부모 역할을 다섯 가지로 정의했다.

첫째는 물질적인 요구를 충족시켜 주는 것이라고 했다.

인간은 빵(밥)이 없으면 살 수 없고, 추우면 옷을 입어야 하고 추위를 피할 집이 있어야 한다. 또 성장하여 스스로 능력을 갖출 때까지 부모는 학비를 부담하고 경제적으로 뒷받침을 해 주고 물질적인 것을 해결해 줄 의무가 있다. 그런데 언제까지 얼마만큼 물질적인 요구를 충족시켜 줘야 하는지에 대해서 합의를 보기란 쉽지 않은 일이다. 단지 지나치면 모자람만 못하다(過猶不及)는 진리를 부모들이 깨달아야 할 것이다.

둘째는 정신적인 충족감을 주는 것이라고 했다.

흔히 인간은 빵만으로는 살 수 없다고 말한다. 물질적인 것이 중요한 만큼 정신적인 것도 인간에게는 중요하다는 의미의 말이다. 물질을 빵으로 대변한다면 정신은 사랑으로 대변할 수 있으리라. 그래서 인간은 사랑을 먹고 산다고 하지 않는가. 사랑할 사람이 있고 사랑할 모임이 있고 사랑하는 일이 있으면 건강하게 살 수 있다고 누군가는 말했다. 그러나 사랑을 받는 것과 사랑을 받는다고 느끼는 것은 다르다. 부모는 자녀들이 사랑받고 있다고 느끼도록 해야 한다.

셋째는 신체를 보호하는 일이라고 했다.

어린 자녀를 위험에 방치하는 것은 부모 역할을 유기하는 것이다. 그런가 하면 부모가 불안하다고 자녀를 과잉보호하는 것 또한 잘못하는 일이다. 보호도 지나치면 모자람만 못하기 때문이다. 가정 폭력도 문제가 된다. 자녀의 신체에 위해를 가하는 폭력을 쓰는 부모는 무자격 부모라고 했다.

넷째는 마음을 보호하는 일이라고 했다.

신체적으로 상처 내지 않는 것과 함께 정서적으로 상처 내지 않는 것은 정말 중요한 일이다. 마음의 상처는 대부분 말에서 기인하는데, 인간관계에서 특히 가까운 사이에서 상처 내지 않고 살기는 현실적으로 불가능한 일일지도 모른다. 따라서 전혀 상처 주지 않는 부모가 되라고 한다면 포기하고 싶을지도 모른다. 그렇게 하기는 너무나 어려운 일일 테니까. 우리가 할 수 있는 일은 깊이 상처 주지 않으려 노력하고 어쩔 수 없이 상처를 줄 수밖에 없다면 곪아 터지도록 방치하지 말고 치료해 주는 부모가 되는 것이다.

다섯째는 부모가 자녀의 삶에 윤리적·도덕적 모델이 되는 것이라고 했다.

부모의 삶 자체가 자녀에게 그대로 영향을 미친다. 그래서 '자녀는 부모의 앞모습을 보고 자라는 것(시키는 대로 하는 것)이 아니고, 부모의 뒷모습을 보고 자란다(하는 대로 따라 하는 것)'고 하지 않는가. 따라서 부모가 잘 살아가는 모습을 보여 주는 것이 자녀에게 무언가를 가르치는 것보다 중요하다.

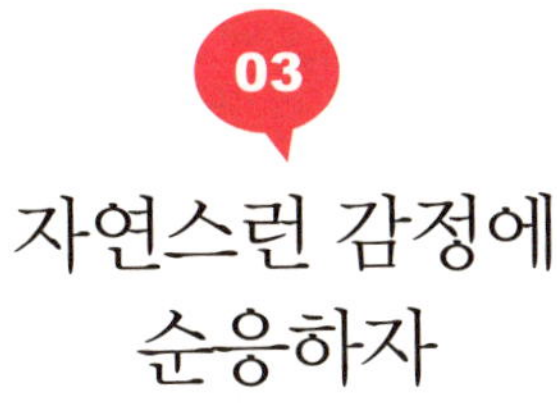

# 자연스런 감정에
# 순응하자



## 자녀가 다르면
## 다르게 대하자

초등학교 6학년인 큰아이가 혼자 할머니 댁에 놀러 가겠다고 한다. 차를 갈아타고 가야 하는 꽤 먼 거리지만 부모와 함께 다니면서 길을 익혔기에 엄마는 아이를 믿을 수 있다. 따라서 아이가 요청하는 것을 수용할 수 있다.

유치원에 다니는 일곱 살인 작은아이도 혼자 할머니 댁에 가겠다고 한다. 자기도 길을 잘 아니 괜찮다고 한다. 엄마는 작은아이 혼자 보내는 것이 불안하고 믿음직하지 않다. 따라서 엄마는 작은아이의 요청을 수용할 수 없다. 이렇게 똑같은 행동이라도 그것을 행하는 아이의 조건이 다를 때 부모는 다른 선택을 할 수 있다. 항상 두 아이에게 똑같이 대해야 한다는 생각은 부자연스러울 뿐만 아니라 아이들이 서로의 차이를 인정하지 않으려는 부작용을 낳을 수도 있다.

## 두 아이에게 똑같이 사 주는 부모

　주부 윤씨는 가정적이고 모범적인 검사 남편과 중학교 2학년 아들, 초등학교 6학년 딸과 함께 단란한 가정을 이루고 있었다. 그런데 요즘 와서 남매는 점점 더 경쟁적이 되어 가고, 둘은 조그만 차이도 참지 못하고 다투곤 한다. 그럴 때마다 힘든 사람은 엄마일 수밖에 없다. 생활을 하면서 생기는 사소한 차이를 모두 없애기는 어려운 일이기 때문이다.

　윤씨는 아이들이 모든 일에서 지나치게 똑같기를 원하는 것이 남편 탓이라고 생각했다. 남편은 아이들이 어릴 때부터 두 아이에게 항상 같은 물건을 두 개씩 사 주었다. 누구도 불공평하다는 느낌이 들지 않게 한다는 이유에서였다. 어릴 때는 별문제 없이 받아들였지만 아이들이 커 가면서 비싼 컴퓨터 같은 물건까지도 동시에 두 개씩 사 들이는 남편이 못마땅했다. 남편이 그럴수록 아이들은 더욱 경쟁적이 되고, 그로 인한 어려움은 아이들과 더 많은 시간을 함께하는 엄마가 감당할 수밖에 없었다.

　부모는 아이들에게 항상 공평해야 한다는 고정관념에서 벗어날 필요가 있다. 지나치게 공평하려고 하면 오히려 서로 다른 점을 인정하지 않게 하는 잘못을 저지를 수 있기 때문이다. 아이의 서로 다른 조건을 고려하여 수용 또는 비수용을 선택하는 것이 바람직하다.

## 자연스러운 감정 변화를
## 그대로 수용하자

### 동생에게 심부름시키며 소리 지르는 아이

엄마가 화분에 물을 주면서 기분 좋게 콧노래를 부르고 있다. 그때 큰아이가 동생에게 심부름시키면서 소리를 지른다. 엄마는 아이들끼리 해결할 문제려니 하고 대수롭지 않게 생각하고 넘긴다. 엄마 기분이 좋을 때는 아이들의 행동이 별문제가 되지 않는다.

엄마가 피곤하고 힘들어서 조용히 소파에 앉아 쉬고 있다. 그때 큰아이가 동생에게 심부름시키면서 소리를 지른다. 똑같은 행동이지만 몸이 힘들거나 기분이 나쁠 때는 그냥 넘기기 힘들다. 소리를 지르는 행동이 못마땅한 것이다.

이러한 엄마의 태도는 잘못된 것이 아니라 자연스러운 것이다. 사람은 누구나 때에 따라 감정이 변한다. 자녀의 행동을 보면서 그 순간의 정직한 감정을 인식하고 수용하거나 비수용하기를 선택하면 된다. 위의 사례에서 소리 지르는 것 자체를 싫어해서 두 경우 다 비수용하는 엄마도 있다. 그런가 하면 아이들에게 지나치게 너그러워서 두 경우 다 수용하는 엄마도 있다. 어느 쪽이 옳다고 간단히 단정 지을 수 없는 문제다. 왜냐하면 다양한 조건과 상황을 고려해서 생각해 보아야 하기 때문이다.

많은 부모들이 자신의 감정에 정직하게 행동하는 것은 올바른 일이 아니라고 생각한다. 변화하는 감정에 따르는 것은 부모가 이랬다저랬다 일관성 없이 행동하는 것 같아서 교육적으로도 나쁠 것이라고 말하곤 한다.

그리하여 자신의 감정에 솔직하기보다 일관성 있는 태도를 취하기 위해서 무리하게 애를 쓰고, 그 결과 엉뚱한 일에서 쌓였던 감정이 폭발하여 낭패를 보기도 한다.

그러나 순간순간 솔직한 감정을 인식하고 자신에게 정직해지는 것은 나쁜 일이 아니다. 정직한 표현은 오히려 관계를 개선하는 데 도움이 된다.

## '잘못된 행동을 고쳐 주겠다'는 생각을 버리자

### 남을 때리고 오는 아이

오늘도 준희 엄마는 아들 친구 엄마에게 사과를 했다. 준희가 요즘 들어서 계속 말썽을 피우기 때문이다. 친구들과 놀다가 다투고 친구를 때리는 일이 잦다. 유치원에 다닐 때만 해도 오히려 다른 아이들한테 자주 맞고 오던 아이였다. 맞고 다니는 것이 속상해서 어느 날부터 맞고 들어오면 야단을 치고 너도 때리라고 주문을 했더니, 이

제는 때리고 다니는 것이 문제다. 준희 엄마는 이러지도 저러지도 못
하고 낭패스러웠다. 맞으라고 할 수도 없고 때리라고 할 수도 없으니
어떻게 해야 할지 난감하였다.

아이가 맞지도 때리지도 않고 사이좋게 친구를 사귀었으면 하는 것
이 부모의 바람이다. 맞는 것도 때리는 것도 부모가 원하는 일은 아니
지만 그렇다고 금지하고 나무란다고 그런 행동이 쉽게 사라지는 것은
아니다. 성장기 아이들은 때로는 맞기도, 때리기도 하면서 자란다. 심
하지만 않다면 과민반응을 보이지 말고 자연스러운 행동으로 받아들
이는 것이 좋다. 심리적으로 안정돼 있고 건강하게 자라는 아이라면
자신의 행동을 통제하는 능력도 키울 수 있기 때문이다.

따라서 부모는 드러난 행동을 빨리 수정하려고 집착하기보다 아이
가 건강하게 클 수 있도록 환경을 조성해 주는 것이 중요하다. 맞았든
때렸든 아이가 그렇게 행동할 수밖에 없었던 이유가 있다고 생각한다
면 먼저 수용할 수 있을 것이다. '잘못된 행동을 고쳐 주겠다' 는 생각
에서 벗어나는 것이 무엇보다 중요하다.

# 한국식 교육 '빨리빨리'는
# 하루빨리 버리자

　유치원 교사였던 한 어머니의 사례다. 일곱 살인 아들을 키우면서 일하기가 힘겨워서 유치원 교사를 그만두고 엄마 역할에 전념했다. 그런데 2~3년 전부터 아이에게 나타난 말 더듬는 증상 때문에 엄마는 많이 속상해했다. 아이는 마음이 급해지거나 잘못한 일을 말할 때, 야단맞을까 봐 두려울 때 말을 더듬는 증상이 두드러지게 나타났다.

　지금 돌이켜 생각해 보니 안타까운 일들이 있었다. 엄마가 잘못해서 아이에게 말 더듬는 원인을 제공한 것 같아 마음이 아팠다. 직장 일로 바쁘게 사느라 아이에게 늘 '빨리빨리' 하라고 주문했고, 유치원에서 만나는 똑똑한 아이들을 기준으로 아이에게 다그치고 지나치게 많이 기대했다. 그러면서 아이 행동이 못마땅하면 질책하고 얼굴을 찌푸릴 수밖에 없었다. 그럴수록 아이는 더 불안해하고 문제에 더욱 빠지는 악순환을 반복했다. 이러한 사실을 깨달은 엄마는 아이를 다그치고 행동을 고치려고 노력하는 대신 자신이 먼저 바꾸기로 결심했다.

　아이가 잘못할 때 지적하기보다 잘할 때를 놓치지 않고 칭찬했고, 아이가 실수하고 엄마 눈치를 볼 때 오히려 편안한 표정으로 아이를 안심시키려고 노력했다. 자주 굳어지는 얼굴을 펴기 위해 거울을 보면서 표정 관리 연습도 했다. 엄마 자신을 변화시키는 일이 쉬운 일은 아니지만 뜻이 확고하면 가능한 일이었다.

아이가 말을 더듬기 시작하면 예전에는 "똑바로 얘기하랬지", "천천히 하면 되잖아"라고 말하면서 얼굴이 굳어졌고 못마땅한 표정을 그대로 아이에게 노출했다. 하지만 이제는 이해하고 너그러운 표정으로 아이의 말을 중간에서 자르지 않고 귀 기울여 들어 주었다. 아이가 말을 마치면 "엄마한테 빨리 말하고 싶었구나", "엄마는 천천히 말해도 다 들어 줄 수 있어"라고 하면서 아이의 잘못을 지적하지 않고 안심시켜 주었다. 엄마의 노력이 전달되었는지 아이는 표정이 점점 편안해지면서 말 더듬는 증상이 서서히 없어지기 시작했다.

말을 더듬는 증상은 여러 유형이 있고 그 원인도 다양하기 때문에 적절한 치료를 해야 한다. 위의 사례는 엄마의 태도 변화로 치료한 경우다. 이것만 보더라도 엄마의 힘은 위대하다.

아이가 전문 상담사에게 치료를 받는 경우에는 많아야 하루에 1시간 영향을 미칠 수 있다. 대개는 1주일에 2~3시간 혹은 1주일에 1시간 상담사와 만나게 된다. 상담사에게 상담을 받아도 문제 행동이 좋아지는 데는 많은 시일이 필요하다. 그렇지만 엄마가 상담사 역할을 한다면 하루에 10시간씩 영향을 미칠 수 있다. 그래서 엄마의 변화가 바로 아이의 변화로 이어지는 것이다.

# 자녀와
# 어떻게 대화해야 할까?



## 부모와 자녀의
## 의사소통

부모 역할은 부모와 자녀의 인간관계를 통해 이루어진다. 그리고 인간관계는 다양한 커뮤니케이션(의사소통)을 통해서 하게 된다. 의사소통에 대한 앨버트 메라비언(Albert Mehrabian)의 연구에 따르면 완전한 의사소통이 되기 위해서는 언어적인 요소와 비언어적인 요소가 잘 어우러져 제 역할을 해야 한다고 한다.

우선 역할 비례에서 비언어적 요소가 55%를 차지한다고 했다. 절반보다 높은 비율이다. 다시 말하면 언어적인 것보다 비언어적인 것이 더 중요하다는 말이다. 흔히 보디랭귀지라고 하는 비언어적인 요소로는 얼굴 표정, 시선, 눈 맞춤, 몸의 자세, 태도, 모습, 몸짓, 숨결 등이 있다. 이러한 요소 하나하나의 미세한 변화가 의사소통의 도구로 작용하는 것이다. 말뜻을 잘 모르는 어린 아이일수록 비언어적인 요소에 더 많이 영향을 받는다. 또 같은 말도 말하는 사람의 분위기 연출에 따라 전혀 다르게 느껴진다.

언어적인 요소는 100−55=45, 즉 45%를 차지한다. 45% 중 말의 내용은 7%에 지나지 않는다. 무슨 말을 하느냐는 의사소통 전체에서 차지하는 비중이 참으로 낮다. 무슨 말을 하느냐보다 더 중요한 것은 그 말을 어떻게 하느냐 하는 것이다. 즉 말하는 방법이 더 중요한 것이다. 45−7=38, 즉 38%를 차지하는 것이 말하는 방법이다. 말하는 속도, 말씨, 음정, 어투, 억양 등이 말하는 방법에 해당한다.

따라서 의사소통을 잘하기 위해서는 말의 내용을 챙기는 것만으로는 턱없이 부족하다. 무슨 말을 할지보다 더 중요한 것은 말을 구사하는 방법이고, 그보다 더 중요한 것은 말할 때의 분위기 연출이라고 할 수 있다. 이러한 요소들이 합해져서 완전한 의사소통을 하게 되는 것이다. 어쩌면 의사소통 자체가 그 사람의 인격이고 됨됨이이며 상호 간에 맺어 온 인간관계의 결과이기도 할 것이다.

## 아이와 의사소통의 코드를 맞춰라

**같이 사는 손자와 잘 통하는 할머니**

서울에 사는 손자가 할머니가 계시는 경상도에 있는 큰댁으로 놀

러 갔다. 할머니의 서울 손자와 경상도 손자는 마루에 앉아서 재미있게 TV를 보고 있었다. 그때 할머니께서 TV 앞을 쿵쿵거리면서 왔다 갔다 하시고 다른 사람들과 큰 소리로 이야기를 하셨다. 서울 손자는 조용히 TV에 집중할 수가 없어서 할머니께 공손히 말씀드렸다.

"할머니, TV에서 하는 말을 알아듣기가 힘들어요. 할머니께서 왔다 갔다 하시고 큰 소리로 말씀하시니까 속상해요."

그런데 할머니께서 손자의 말에도 아랑곳 않고 당신이 하던 행동을 계속했다. 이번에는 한집에서 같이 사는 경상도 손자가 도저히 못 참겠다는 듯이 할머니께 말했다.

"할매!" 목청껏 힘을 다해서 소리쳐 안타까움과 속상한 마음을 전달했다. 그러자 할머니께서는 그제야 미안하신 듯 "오냐 오냐, 알았다" 그러시고는 금방 하던 행동을 바꾸었고, 두 손자는 방해받지 않고 조용히 TV를 볼 수 있었다.

이것은 같이 사는 경상도 손자와 평소에 의사소통의 코드를 맞춰 온 결과였다. 손자의 "할매"라는 한마디 속에는 많은 의미가 담겨 있고, 할머니는 그때그때 정확하게 그 의미를 파악하며 소통해 왔다. 그런가 하면 서울 손자는 의사소통의 공식대로 나―전달(I-Message, '나'를 주어로 한 문장으로 상대방의 행동에 대한 나의 생각이나 감정을 표현하는 것)을 했지만 할머니와는 통하지 않았다. 공식보다 더 중요한 것이 개인차, 문화차이고 또 오랜 시간 길들여져 온 습관이다. 할머니는 서울 손자의 공손한 자기 표현을 귀담아 듣지 않을 수 있다. 대수롭지 않게 여기거나 거부의 표현이라는 생각을 못할 수도 있는 것이다. 이와 마찬가지로, 아이의 요청을 거부할 때 항상 큰 소리로 강하게 말하는 부모 아래서 자란 아이는 부드럽게 말하면 내용에 상관없이 거부가 아니라고 생각하게 된다.

하얀 도화지 같은
아이들

## 공부 못하면 경비 아저씨처럼 돼

　　지성이 엄마는 아들 때문에 난처했던 경험을 다음과 같이 이야기했다. 초등학교 2학년인 아이에게 공부를 열심히 시킬 요량으로 한 말이 엉뚱한 부작용을 일으킬 줄 몰랐다.

　　하루는 공부를 잘한 사람과 공부를 못한 사람의 차이를 직업을 예로 들어 이야기해 주었다. 특히 공부하기 싫어하고 공부를 못하면 하찮은 직업에 종사할 수밖에 없다는 것을 강조해서 경각심을 불어넣어 주고 싶었다. 물론 아이가 공부를 열심히 했으면 하는 바람에서 한 말이었다. 엄마는 무심코 단순 직종은 공부를 안 한 사람들이 하는 일이라고 얘기했고, 아이는 청소부나 경비 아저씨는 공부를 안 한 사람이라고 이해하게 되었다.

　　어느 날 경비 아저씨가 다가와 물었다.

　　"사모님, 지성이한테 뭐라고 하셨어요? 지성이가 나보고 그러데요. 아저씨는 학교 다닐 때 공부 안 하고 놀았느냐고요.”

이 일로 지성이 엄마는 또 하나를 배웠다. 아이들에게 무언가를 가르치는 일이 쉽지 않다는 것을, 가르치는 부모 생각과 받아들이는 자녀 생각이 일치하지 않을 수도 있다는 것을, 그리고 아이들 생각은 어디로 튈지 그것을 어디에 적용할지 감히 짐작도 할 수 없다는 것을. 지성이 엄마는 한동안 경비 아저씨를 보기가 민망했다.


직업에는 귀천이 없다는 말을 지성이 엄마도 알고 있었을 것이다. 그러나 들어서 아는 것과 느껴서 내 것으로 만드는 데는 차이가 있다. 우스개처럼 하는 말로, 세상에서 가장 먼 거리는 머리에서 가슴까지라고 한다. 그런데 더 먼 거리가 있으니, 가슴에서 손까지의 거리라고 한다. 아는 것과 느껴서 내 것으로 만드는 것이 다르고, 깨달음과 실제 생활에 적용해서 실천하는 것이 서로 많이 다름을 일컫는 말이다. 정보화 사회를 사는 현대인에게는 모르는 것보다 오히려 많이 아는 것이 더 문제가 될 수도 있다. 많이 알기 때문에 혼란스러울 수 있고 그것을 실천으로 옮기는 데 어려움을 겪는 것이다.


## 모범택시를 타면 낭비야

엄마와 딸이 외출했다가 집에 가기 위해 택시를 타려고 기다리고 있었다. 한참 지루하게 기다리고 있는데 한 사람이 모범택시에서 내

렸다. 유치원생인 딸아이가 "엄마, 우리 저 택시 타자"라고 말하자, 엄마는 무심코 "저 택시 타면 낭비란다. 좀 더 기다리면 일반 택시가 올 거야"라고 했다.

며칠 후에 또 딸아이와 손을 잡고 나란히 외출을 하는데 예상치 못한 일이 생겼다. 한 아주머니가 모범택시에서 내릴 때 갑자기 아이가 큰 소리로 "엄마! 저 아줌마는 낭비한 거지?"라고 말했다. 물론 아주머니에게도 아이의 말이 들렸을 것이다. 순간 엄마는 난감한 표정으로 서 있었다. 다행히 아주머니는 엄마와 딸을 흘깃 쳐다보더니 갈 길을 갔다. 위기를 모면한 엄마는 안도했지만 어려운 문제에 부딪힌 기분이 되었다.

아이들에게는 부모가 세상 전부일 수 있다. 부모가 하는 말, 하는 행동을 통해서 세상을 보고 세상을 배운다. 부모가 무심코 던진 한마디, 무심코 한 행동이 아이의 뇌리에 심어지고, 아이의 일생에 중요한 영향을 미치는 좌표가 될 수 있다.

위 사례에서 엄마가 다르게 했으면 하는 부분을 찾아보겠다. 아이가 "엄마, 우리 저 택시 타자"라고 말했을 때 "저 택시는 돈을 더 많이 내야 되거든. 엄마는 그 돈으로 맛있는 것 사고 싶단다"라고 했다면 낭비에 대한 어설픈 정의를 내리지 않아도 되었을 것이다.

옳고 그름을 판단하는 일은 쉬운 일이 아니다. 어른도 그러할진대 아이들이야 더욱더 그러하다. 아이들에게 섣불리 판단하도록 가르치면 부작용이 따를 수밖에 없다.

　형제간의 다툼이든 친구와의 다툼이든 다툰 후에 부모에게 이르는 행동은 아이에게 그럴 만한 이유가 있기 때문이다. 따라서 부모는 아이의 행동을 우선 수용하는 것이 바람직하다. 아이의 말을 들어 준(경청) 다음, 부모의 생각을 알려 주되(나-전달) 가능하면 판단은 스스로 할 수 있도록 기다리는 것이 바람직하다. 여기서 수용한다는 것은 '네 말이 맞다, 네가 잘했다, 옳다' 등으로 동조하거나 편드는 것과는 물론 다르다.

## 의사소통 기술도 훈련이 필요하다

　운전 기술이 능숙하여 운전 중 발생하는 여러 상황에 적절히 대처할 수 있는 사람에게 운전을 잘한다고 말한다. 그런데 능숙한 기술만 믿고 자만해서 주의를 게을리하면 운전 중에 사고를 일으킬 수도 있다. 운전을 잘하기 위해서는 능숙한 기술만큼 중요한 것이 성실한 자세다. 인간관계를 맺는 도구인 의사소통 능력도 기술이라고 할 수 있다. 사람은 태어나 성장하면서 알게 모르게 의사소통 기술을 배우고 익혀 간다. 좋은 환경에서 바람직한 모델을 통해 좋은 의사소통 기술을 익혀 온 사람도 있고, 자신의 선택과 상관없이 부적절한 환경에서 바람직하지 않은 의사소통 기술을 익혀 온 사람도 있다.

　지금 내가 가진 기술이 부족하거나 부적절하다고 생각하면 기술을 다시 익히고 수정해 나갈 필요가 있다. 운전 기술이 하루아침에 늘지 않는 것처럼 의사소통 기술도 많은 시간과 연마에 힘쓴 만큼 발달한다. 운전 경력이 20년인 사람은 5년 경력인 사람의 운전을 불안해할 수 있다. 이렇게 기술은 조금씩 서서히 숙련되어 가는 것이다. 자동차를 다루는 기술도 이러할진대 하물며 사람을 다루는 의사소통 기술을 어떻게 일시에 습득할 수 있겠는가. 대부분 사람들은 특별히 체계적인 의사소통 기술을 익히지 않은 채 살아가고, 또 부모가 된다. 따라서 계획적인 프로그램을 접하기 전에는 운전 기술을 배우지 않은 사람이 운전에 무관심한 것처럼 의사소통 기술에 대한 의식이 없고 일상생활에서 활용하는 방법도 모른다.

좋은 부모가 되기 위해서건 인간관계를 잘하기 위해서건, 의사소통 기술을 익히는 첫 단계인 의식의 변화는 비교적 쉽다. 이론을 이해하고 필요성을 느끼면서 새로운 기술을 쓰고자 하는 의식이 생기는 것이다. 아직 이 단계에서는 기술이 숙련되지 않는다. 의식하긴 해도 실제 상황에서 적용하기 어렵고 순간순간 대처하는 능력이 떨어지는 상태라고 할 수 있다. 초보 운전을 할 때 핸들의 기능도 알고 브레이크, 액셀러레이터의 기능도 알지만 손발이 마음먹은 대로 자유롭게 움직여 주지 않는 이치와 같다고 할 수 있다. 이 단계에서 상당한 기간 꾸준히 실습을 하면 운전에 능숙하다고 느끼는 단계에 도달한다. 기대했던 숙련된 단계다. 의사소통의 발달도 마찬가지로 꾸준한 노력에 의해 의식과 기술을 체득한 단계에 도달한다. 여기서 발달이 끝나는 것이 아니다.

목표 단계는 의식하면서 기술을 사용하는 단계가 아니고 무의식중에 기술을 발휘하는 단계다. 운전 중 장애물을 보고 손발을 어떻게 움직여야겠다고 의식하기 전에 무의식적으로 손발이 적절한 반응을 하는 단계라고 할 수 있다. 의사소통에서도 상황에 대처하는 능력이 몸에 배어서 무의식적으로 적절한 기술을 사용하는 단계다. 목표를 달성한 단계로, 흔히 도사 단계라고도 한다.

부모 역할을 더 잘하고 싶고, 더 나은 인간관계를 맺고 싶다면 의사소통 기술을 배우고 익혀서 성실하게 사용하는 일에 도전해 보면 어떨까. 언젠가는 기술이 능숙해져서 자신의 역할을 할 때 편안함과 자유로움을 느끼게 될 것이다. 운전을 잘하는 사람이 운전하는 것에 불안을 느끼지 않고 자유로운 것과 같이.



사람의 느낌은 개인적인 것이라서 부모, 자녀 간에도 따로따로다. 두 사람이 같은 느낌을 갖는 공감은 참으로 어렵기도 하다. 사춘기가 되고 청년기가 되면 자녀는 부모에게 이해받지 못한다고 불평하고 부모는 자녀와 대화가 되지 않는다고 안타까워한다. 대체로 사춘기쯤에 이러한 문제들이 표면화되지만 문제가 시작된 것은 훨씬 일찍부터다. 어쩌면 유아기, 아동기를 거치는 동안 부모와 자녀의 의사소통이 지속적으로 빗나갔는지도 모른다.

아직 밥을 먹고 싶지 않은 자녀에게 "밥 먹어라", 밖에 나가서 놀고 싶은 자녀에게 "밖에 나가지 말고 집에서 놀아라", 장난감을 가지고 재미있게 놀고 있는 자녀에게 "그만 놀고 시험지 풀어라", 잠을 자고 싶지 않아서 만화책을 열심히 보고 있는 자녀에게 "그만 보고 일찍 자라" 같은 말로 끊임없이 부모는 자녀에게 명령하고 지시한다. 그럴 때마다 자녀들은 느낀다. '엄마(아빠)는 내 마음을 정말 몰라줘, 참 안 통한단 말이야.' 그러면서도 대부분 자녀들은 부모에게 맞춰 나가는 것에 길들여지고 복종하는 것에 익숙해진다.

부모와 자녀의 생각이 서로 통하고 감정적으로 편안하고 그래서 좋은 관계에 있을 때는 '명령, 지시' 하는 것이 문제가 되지 않는다. 부모는 자녀에게 명령, 지시해야 할 상황을 수시로 만나게 되는데 그중 상당히 많은 경우는 지시나 명령을 내리는 것이 부적절할 수도 있다. '하던 짓도 멍석 깔면 하지 않는다' 라는 우리 속담이 있다. 이 말은 인간의 자유 욕구를 대변하는 것이다. 모든 인간은 그 강도에 차이가 있을 따름이지 자신의 행동을 자유롭게 선택하고 싶은 욕구를 선천적으로 갖고 태어난다.

따라서 자녀가 부모의 명령, 지시에 따르지 않는 일이 생긴다. 이때 부모는 좀 더 강력한 힘으로 자녀를 통제해야겠다고 생각하게 되고 따라서 의사소통하는 방법을 바꾸게 된다.

이와 같은 몇 가지 상황에서 "밥 안 먹으면 아빠한테 일러서 혼내 줄 거야" "집에서 놀지 않고 밖에 나가면 너 사 달라는 장난감 안 사 줄 거야" "그만 놀고 시험지 안 풀어? 맞아야 알겠니?" "너 빨리 안 자면 만화책 뺏어서 없애 버린다" 등으로 '경고' 와 '위협' 하는 방법을 사용하게 된다.

그러면 명령, 지시를 할 때보다 자녀들은 더 빨리 부모 말을 따른다.

그래서 표면적으로는 문제가 해결되고 부모의 권위도 인정받은 것 같다. 그렇지만 내면적으로는 전혀 달라서 자녀의 마음속 불만은 더 커지고 불만은 원망으로 바뀌게 된다. 이러한 부정적인 감정이 쌓이면 자녀의 정신건강을 해치고 EQ(감성지수)를 떨어뜨린다. 때로는 이러한 감정들이 쏟아져 나와서 부모에게 반항하고 말대꾸를 하게 된다. "엄마 마음만 마음이야?" 이 정도는 그래도 들어줄 만하고 애교스럽기도 하다. "나도 나중에 어른이 되면 내 마음대로 할 거야. 엄마는 항상 엄마 마음대로만 하잖아." 이렇게 말해 주는 자녀는 부모를 일찍 정신 차리게 해 주는 고마운 자녀일지 모른다. 부모, 자녀 관계를 다시 생각해 보고 좋은 부모가 되는 방법을 고민하게 해 주니까. 그래서 자녀들이 더 크기 전에 또 문제가 더 깊어지기 전에 부모의 태도를 수정할 기회를 주기 때문이다.

경고와 위협은 자녀를 인격적으로 존중하지 않는 방법이라서 자녀의 자존심을 많이 손상시키고, 권위에 대한 저항감이나 적개심을 불러일으킨다. 벌을 피하기 위해 복종하게 되므로 부모와 친밀감을 상실하고 관계가 틀어진다.

형제와 다투거나 친구와 싸웠을 때 부모에게 이해받고 싶어서 호소하면 부모들은 그 호소를 수용하고 공감하려는 노력을 하지 않는다. "싸우지 말고 사이좋게 잘 놀아야 한단다" "친구와 싸우지 않고 노는 방법을 생각해 보렴" "형이니까 양보해야 된단다" "동생이니까 형 말을 잘 들어야지" 같은 말로 '훈계' 하고 '충고' 하고 '설득' 하곤 한다. 오로지 부모의 판단에 따라서 문제를 평가하고 자녀의 입장에서 이해하고 생각하려는 능력이 부족하다. 이럴 때 자녀들은 부모에게 이해받지 못해 답답해하고 무력감에 빠진다. 항상 부모의 의견은 옳고 자녀는 잘못하는 것으로 결론지어지기 때문이다. 그러면 자녀들은 열등감에 빠지고 부모에게 의존하는 자신 없는 사람으로 커 가게 된다.

적절한 훈계와 충고, 설득은 보약 같은 효과를 내어서 자녀들을 더욱 건강하고 튼튼하게 자라게 할 수도 있다. 그렇지만 이러한 효과도 입에 쓴 약을 뱉지 않고 삼킬 수 있는 이성이 있는 사람에게만 나타날 수 있는 것이다. 입에 쓴 약을 주는 사람을 못 믿거나 그 사람과 관계가 나빠서 뱉어 버린다면 그 약이 무슨 소용이 있겠는가. 또 소화기가 나빠서 약을 삼켜도 소화, 흡수할 능력이 없다면 약을 주는 것이 무슨 소용이 있겠는가.

이처럼 약이 될 수도 있고 해가 될 수도 있는 방법은 조심해서 사용해야 한다. 부모가 자주, 또 잘 선별하지 않고 이러한 방법을 쓴다면 자녀의 성장에도 부모 자녀 사이의 관계에도 도움이 되지 않고 방해가 될 뿐이다. 자녀가 부모를 신뢰하고 부모 말을 들을 준비가 되어 있을 때, 감정적으로 평정을 유지한 상태에서 적당한 훈계, 충고, 설득을 한다면 자녀를 성장하게 도와주는 부모의 사랑으로, 배려로 작용할 수 있을 것이다.

여기서 떠오르는 이야기가 있다. 인도의 한 훌륭한 사상가가 많은 스승에 대해 이야기했다. 무엇을 가르친 스승, 무엇을 일깨워 준 스승 등 이것저것 많은 것을 훌륭한 여러 스승들에게서 배운 덕분에 현재의 자신이 있노라고. 그런데 그 많은 스승들보다 더 훌륭한 스승은 어머니였노라고 이야기했다. 이유인즉슨 어머니는 자신에게 무엇도 가르치려고 하지 않았기 때문이라고 했다. 어머니는 가르치기보다 사랑으로 힘을 주어서 스스로 깨닫도록 기다렸기 때문이리라. 현대를 살아가는 부모들에게 시사하는 점이 많은 것 같다.

학교에서 돌아온 자녀가 선생님께 꾸중을 들었다거나 밖에서 기분 나쁜 일이 있었다고 하면 부모는 성급한 마음이 앞서 질문 공세를 퍼붓기 쉽다. "왜 그랬니?" "누가 그랬니?" "무엇 때문에 그랬어?". 그리고 자녀가 하는 대답이 마음에 들지 않으면 곧장 '분석'하고 '진단'하기 시작한다. "그러니까 그게 잘못되었잖아" "그럴 땐 어떻게 하라고 전에도 얘기해 줬지" "너는 그게 잘못이라니까" 같은 말을 하게 되는데, 부모는 자녀를 도와주고 싶은 마음에서 하는 말이지만 자녀에게는 도움이 되지 않는다. 부모에게 자신의 단점을 지적당한 자녀는 대화하고 싶은 의욕을 상실할 것이다. 따라서 자녀의 말문을 막아 버리고 대화의 벽을 만드는 결과를 낳게 된다.

그렇다고 해서 '질문'과 '탐색', 분석과 진단이 항상 나쁜 것은 아니다. 사춘기 자녀와 대화할 때는 그러한 것들이 민감하게 작용하므로 세심한 배려가 필요하지만 초등학교 저학년 정도의 자녀들과는 원활한 의사소통과 관심을 표명하는 도구로써 적절히 사용할 수 있다.

우리나라 부모들은 대체로 칭찬이나 위로에 인색하기 때문에 자녀들에게 자주 칭찬하고 더러 위로할 필요가 있다. 그렇지만 '칭찬'과 '위로'도 잘못 사용하거나 지나치면 곤란하다. 사춘기 자녀들을 둔 많은 부모들이 다음과 같은 하소연을 한다. "안 해 본 말이 없어요. 무슨 말도 안 통해요. 아이와 어떻게 대화를 해야 할지 도저히 방법을 찾을 수가 없어요." "칭찬을 해도 시큰둥하고 위로를 해도 싫다고 해요."

부모로서 최선의 선택으로 칭찬과 위로를 한다. 그런데도 자녀는 칭찬과 위로를 고마워하지 않는다. 칭찬이나 위로가 대화에 도움을 주지 못하고 방해가 되고 있음을 비로소 부모들은 알게 된다. 자녀가 어릴 때는 칭찬이나 위로가 도움이 된다. 그러나 심리적으로 불안하고 지금까지 부모와 부정적인 감정 교류 경험을 쌓아 온 사춘기 자녀에게는 더 이상 도움을 주지 못한다. 이제 부모는 자녀에게 도움을 주고 싶은 마음을 표현할 방법을 찾지 못해 고민할 수밖에 없게 된 것이다.

초등학교 저학년 정도의 어린 딸아이가 자신의 외모에 대한 불만을 털어놓으면 부모는 '예쁘다'고 칭찬하고 자신감을 가지라고, 혹은 '개성시대'라는 말로 위로할 것이다. 그러면 아마 딸아이는 기분이 전환되고 부모에게 고마워할 것이다. 그러나 초등학교 고학년 이상 또는 중학생 정도의 딸아이가 자기 외모에 대한 불만을 말할 때 부모가 똑같이 칭찬과 위로를 했다고 생각해 보자. 그러면 아마 딸아이는 시큰둥한 반응을 보이거나 귀담아듣지 않을 것이다. "엄마가 예쁘다고 해도 소용없어요" "괜히 위로하려고 하지 마세요" "엄마가 뭐래도 내 얼굴은 내 맘에 안 들어요" 같은 말을 하지 않을까. 이미 주관적인 기준이 형성된 까닭에 부모가 말하는 것이 자기 기준에 맞지 않으면 소용없는 것이다.

이럴 때 칭찬이나 위로보다 더 좋은 방법은 자녀의 감정을 있는 그대로 수용하고 공감하는 것이다. "넌 눈이 더 컸으면 좋겠다고 생각하는구나. 그래서 속상하지." 이렇게 시작하면 대화의 실마리가 풀릴 것이다. 그렇다고 우리가 칭찬이나 위로를 하지 않고 살기를 선택할 필요는 없다. 진심으로 하는 칭찬이나 위로는 서로 좋은 관계일 때, 특별히 큰 문제가 아닐 때는 살아가는 힘이 되기 때문이다. 단, 자녀가 도움을 요청할 때나 자녀가 문제에 빠져 있을 때 칭찬이나 위로가 답이라고 생각하는 것은 곤란하다는 것이다.

그 외 '비판' '비평' '비난' '비교'를 하거나 '욕설'을 사용하거나 '빈정거리고 우롱' 하는 말은 의사소통에 특히 좋지 않은 걸림돌이다. 이런 것들은 자녀의 긍정적인 자아상을 파괴하고 좌절감을 불러일으킨다. 이러한 걸림돌이 자녀를 자기비하적으로 만들어 적극적이고 창의적인 사고나 행동을 가로막을 수 있다. 부모가 이러한 걸림돌을 전혀 사용하지 않겠다는 것은 단지 희망 사항일지도 모른다. 수시로 벌어지는 힘들고 속상한 상황에서 부모인들 어떻게 하겠는가? 부모도 한 인간이다. 어쩌면 여러 가지로 오염된 세상에서 전혀 아프지 않고 살겠다고 하는 것처럼 불가능한 일일 수도 있다. 그렇다고 상처를 주고 속수무책으로 방치하고 살아갈 수는 없는 일이다. 적어도 좋은 부모가 되려는 의지가 있다면 말이다.

어쩔 수 없는 상황에서 실수를 할 수밖에 없었다면 그 실수를 만회하기 위한 노력을 해야 하지 않을까. 병을 주고도 약을 주지 않는 것보다는 병을 주었으면 약을 주는 것이 차선책은 될 테니까. 상처를 방치해서 곪아 터지게 하는 대신 약으로 잘 치료해서 낫게 해 주자는 말이다. 때로는 치료한 부위가 원래보다 더 튼튼해지기도 한다는 희망도 있으니까. 그렇지만 약을 믿고 병을 자주 주면 곤란해질 것이다. 약도 남발하면 약효가 떨어지는 법이니까.

지금까지 살펴본 내용은 고든의 의사소통의 걸림돌 이론을 근거로 했다. 이러한 걸림돌들이 도움이 되지 않는 중요한 이유는 자녀의 입장을 수용하지 않기 때문이다. 부모 입장에서 부모 생각에 맞춰서 어떻게든 자녀를 변화시키려는 의도가 깔려 있기 때문이다. 자녀에게 문제가 있을 때 진정한 도움을 줄 수 있는 방법은 자녀의 입장에서 생각해 보고 자녀의 입장에서 출발하는 것이다.

부모가 이러한 걸림돌 사용을 자제하고, 자녀를 존중하는 마음으로 성실하게 대화하고, 자녀의 느낌을 수용하고 공감하려고 노력한다면, 그래서 신뢰하는 좋은 관계를 유지한다면 영원히 잘 통하는 부모 자녀로 살아갈 수 있을 것이다.

## 걸림돌 사례

걸림돌의 종류를 구체적으로 사례를 들어 맞추어 보면 다음과 같다.

자녀가 불만스러운 표정으로 말했다.
"숙제가 너무 많아서 힘들어요."
이에 대한 엄마의 반응

“그래도 빨리 끝내.” 1 명령

“숙제 다 하지 않으면 혼날 줄 알아.” 2 경고

“학생이 숙제하는 것은 당연하단다.” 3 훈계

“노는 시간을 줄이고 숙제를 하면 되잖니?” 4 충고

“숙제를 하지 않으면 공부에 취미를 잃게 되고, 그러면 너는 남들보다 뒤떨어지게 된단다.” 5 논리적 설득

“너는 게을러서 문제야. 다른 애들도 다 하는 것이잖니?” 6 비판, 비난

“넌 착한 애니까 아마 잘할 거야.” 7 칭찬

“바보 같은 소리 하지 마라.” 8 욕설

“넌 문제가 조금만 많아도 그렇게 엄살을 부리는구나.” 9 분석

“숙제가 많아도 열심히 하면 다 할 수 있단다.” 10 위로

“무슨 숙제가 많다고 그러니? 뭐가 어려워서 못하겠다는 말이냐?” 11 캐묻기

“그걸 나한테 불평할 일이니? 네 일이니까 네가 알아서 해야지.”
12 묵살, 빈정거림

## 시험 점수가 나쁘면 떼쓰는 아이

초등학교 2학년 담임인 교육 경력이 많고 인자한 어머니 같은 김 선생님의 경험담이다. 경호는 시험을 보고 점수가 나쁘게 나오면 먼저 울기부터 한다. 수업이 끝나고 하교하는 시간이 되어도 집에 가지 않겠다고 막무가내로 떼를 쓴다. 그런 날이면 김 선생님은 경호를 달래고 구슬려서 집에 보내느라 진땀을 빼곤 한다. 경호가 집에 가지 않겠다고 하는 이유는 엄마 때문이었다. 점수가 나쁘면 엄마에게 혼나기 때문에 무서워서 집에 가지 않겠다는 것이다. 김 선생님은 온갖 방법을 동원해서 경호를 달랬지만 별로 소용이 없었다. 김 선생님이 달래면 경호는 더 울고 떼를 쓰곤 해서 난감하기 짝이 없었다.

부모 교육에 참가한 김 선생님은 지금까지 경호를 달래느라 동원한 것들이 의사소통의 걸림돌이라는 사실을 알게 되었다. 경호를 돕기 위해서 한 말이 경호의 감정을 진정시키는 데 효과가 없는 방법들이었던 것이다. 김 선생님이 한 말은 경호의 마음을 알아주는 말이 아니라 선생님 입장에서 위로하고 충고하고 설득하는 말들이었던 것이다. 김 선생님은 그동안 경호에게 "괜찮아, 이 정도면" "경호야, 울지 마라" "경호야 다음에 잘하면 되지" "엄마한테 다음에 잘하겠다고 말씀드려라" "뚝 그쳐야지" "엄마가 경호 기다리신단다"

"빨리 집에 가야지" "엄마가 야단치지 않을 거야" "점수 나쁘다고 울면 되나" "경호야 이건 울 일이 아니란다" 등의 말을 했었다.

걸림돌 개념을 알고 난 후 김 선생님은 경호의 마음을 짐작하고 알아주는 말들을 했다. "경호야 점수가 잘 안 나오니 속상하구나" "엄마가 화내실까 봐 걱정되지?" "집에 가는 것이 두려운가 보구나"와 같은 말을 했더니 경호를 달래는 시간이 훨씬 짧아졌고 울음도 빨리 그쳤다.


많은 부모들이 자녀가 공부를 잘하길 바란다. 그런데 공부를 잘할 수 있도록 제대로 도와주는 부모는 많지 않은 것 같다. 부모가 다그치고 욕심을 낸다고 공부를 잘할 수 있다면 이 세상에 공부 못하는 자녀는 없을 것이다. 학문에는 지름길이 없다고 한다. 공부 잘하는 방법은 결코 간단하지 않다. 자녀가 공부 잘하기를 바란다면 먼저 부모가 적절한 방법으로 도움을 주어야 하지 않을까. 경호 어머니처럼 점수에 집착해서 아이에게 스트레스를 주면 문제가 생긴다. 초등학교 저학년 때 받은 점수 스트레스는 아이가 자신감을 키우는 데 나쁜 영향을 미친다. 커서 중요한 시험을 치르면서 스트레스를 받아 긴장하면 아는 것도 생각이 나지 않아 틀릴 수도 있다. 긴장은 감정 홍수 상태를 만들고 사고력을 위축시키기 때문이다.

## 05

# 감정은 어떻게
# 조절해야 할까?



### 감정 홍수를
### 조절하자

인간의 감정과 사고의 상호 작용에 대한 이해를 돕기 위해 비유를 해 보려고 한다.

농사를 지을 때 논에 심는 작물이 있고 밭에 심는 작물이 있다. 논에는 적당한 양의 물이 필요하고 밭에는 물이 차 있으면 안 된다. 비가 많이 와서 홍수가 질 때는 물이 논을 휩쓸고 밭에도 물이 찬다. 물이 차 있는 밭에서는 밭작물을 가꿀 수 없다. 논에 필요한 물도 적당할 때 좋은 것이지 너무 많으면 곤란해진다. 밭에 찬 물은 물길을 만들어 빼주고, 넘치는 논의 물도 물꼬를 터서 빼 주어야 한다. 그래서 넘치지도 부족하지도 않은 양의 물을 남기고 물꼬를 막아 주어야 한다.

논과 밭의 물의 양이 농사에 영향을 미치는 것과 같이 인간의 행동은 감정과 사고의 영향을 받는다. 감정과 사고도 적절히 반응해야 그 결과가 바람직한 행동으로 나타나는 것이다. 흔히 인간을 감정형 (Feeling) 인간과 사고형(Thinking) 인간으로 분류하기도 한다. 행동을 할 때 감정의 영향을 더 많이 받는지, 사고의 영향을 더 많이 받는지로 나누는 것이다. 건강한 인간관계를 맺고 건강한 사회생활을 하기 위해서는 어느 쪽으로 치우쳐도 바람직하지 않다.

감정형 인간에게서 덜 이성적인 느낌을 받고 때로는 위태위태한 불안을 느낄 수도 있다. 그런가 하면 사고형 인간에게서는 차갑고, 감정이 메마른, 비인간적이고 로봇 같은 느낌을 받을 수 있다. 따라서 인간에게는 균형 잡힌 감정과 사고가 중요한 것이다. 인간의 감정과 사고는 서로 영향을 미치면서 작용하기 때문에 한쪽이 커지면 다른 한쪽은 작아진다. 감정은 흐르는 것이니까 물이 차 있는 논으로 비유하고 사고는 깨끗한 상태에서 더 잘할 수 있으니까 물이 없는 밭으로 비유했다.

물이 없어야 할 밭에 물이 차면 곤란한 것처럼 사고하는 능력이 위축된 사람에게 가르치는 지적인 자극은 도움이 되지 않는다. 즉 감정의 물이 차서 사고력을 방해하면 물꼬를 터서 감정의 수위를 낮추고 감정을 조절해 주어야 한다는 말이다. 그런 다음에야 사고력을 일깨울 수 있는 것이다.

앞서 언급한 걸림돌들은 사고를 자극하는 것들이기 때문에 감정 홍수 상태에서는 적절한 도움을 줄 수 없다. 상담 이론에서는 감정의 물을 빼는 방법으로 '수용하기'와 '공감하기'를 권한다. 상대방을 있는 그대로 일단 수용하고 상대방의 감정을 같이 느껴 보려고 노력하면 상당한 공감이 가능해진다. '반영적 경청'은 수용하고 공감하는 구체적인 방법이라고 할 수 있다. 누군가가 나를 받아들여 주고 알아주고 이해해 주는 것으로 차올랐던 감정이 진정될 수 있기 때문이다. 누군가에게 이해받는 것은 우리가 살아가는 힘이 되는 것이다.


## 수용과 공감으로
## 부정적인 감정을 누그러뜨려라

### 서로 자기가 잘했다고 싸우는 아이들

　한 백화점 문화센터에서 강의가 있는 날이었다. 조금 여유 있게 도착한 필자는 강사 대기실에서 기다리고 있었다. 그때 수업 중이던 여학생 두 명(초등학교 4학년)이 교실 밖으로 나와서 서로 다투는 모습이 눈에 들어왔다. 꽤 큰 소리로 시비를 했고 관리 직원이 조용히 하라고 주의를 주었다.

　"여기서 싸우면 안 돼. 조용히 하고 끝날 때까지 기다리고 있어"라고 했지만 아랑곳하지 않았다. 학생들은 꼭 시비를 가리고 말겠다는 태세로 서로 자기 잘못이 아니고 상대편 잘못 때문에 수업 중에 쫓겨났다고 주장했다. 지켜보던 나는 학생들에게 다가가서 말했다.

　"너희 둘 다 많이 억울하겠구나."

　자세한 사정은 모르지만 두 사람이 다 억울해하는 마음이 느껴졌기에 나는 충분히 수용하는 태도로 말할 수 있었다. 그러고는 또 말했다.

"있잖아, 아줌마가 너희들 얘기를 들어 보고 싶은데 여기 복도에
서는 곤란하고 저쪽 방에 들어가서 얘기하면 어떨까?"

마침 강사 대기실에는 나 혼자 있었기 때문에 아이들을 데리고 들
어가는 데 별문제가 없었다. 아이들은 순순히 나를 따라 대기실 안으
로 들어왔다. 나란히 앉은 두 아이 중 한 명이 더는 못 참겠다는 듯이
말했다.

"얘가 나한테 먼저 말 시켰어요. 선생님이 조용히 하라고 했는데
자꾸 말 시키잖아요. 그래서 선생님이 화가 나서 우릴 쫓아냈단 말이
에요."

"아, 그렇구나. 넌 어쩔 수 없었다는 말이구나."

"네."

거기까지 듣고 있던 다른 아이가 억울한 듯 말했다.

"사실은 윤정이가 나한테 물어보라고 시켰어요. 그런데 선생님은
윤정이가 말할 때는 못 봤어요. 윤정이 때문에 우리 둘이 쫓겨난 거
예요."

"아, 그랬어? 속상하겠네."

"그런데 나 때문에 쫓겨났다고, 내 탓이라고 하면 안 되잖아요?"

"아, 원인 제공은 윤정이가 했다는 말이구나. 그래서 억울했구나."

"네."

잠시 멈춘 후 다시 말했다.

"그래도 내가 너한테 말을 안 걸었으면 됐을 텐데, 어쨌거나 내가

너한테 말을 건 거니까 미안해” 하고 사과했고, 그 말을 들은 다른 아이도 화가 풀린 얼굴로 말했다.

“알았으니까 됐어. 그리고 나도 잘한 건 없어. 네가 말을 걸었어도 내가 가만있었으면 안 쫓겨났겠지.”

비로소 두 아이 얼굴에 미소가 감돌았다.


선생님에게 야단을 맞고 수업 중에 쫓겨난 두 여학생은 감정 홍수 상태에 있었다. 감정의 물[水]이 빠지기 전에는 다른 사람의 충고나 지시가 들리지 않는 법이다. 강력한 힘을 가진 누군가가 힘으로 누르고 밀어붙인다면 힘에 굴복할 수는 있다. 그러나 여학생들에게 관리 직원은 절대 강자로 보이지 않았을 것이다. 또 힘으로 사태를 수습하는 것은 바람직한 문제 해결책이 될 수 없다. 감정 홍수를 조절하는 데는 수용하고 공감하는 방법이 최선이다. 두 여학생의 공통적인 문제를 짐작하고 받아들이는 “많이 억울하겠구나”라는 한마디로 감정의 물이 빠진 것이다.

이성이 회복되면 그때부터 문제 해결의 실마리를 찾을 수 있다. 부정적인 감정은 그대로 두면 문제를 일으키지만 흩어지면 흔적 없이 사라진다. 주체하기 힘든 감정에 사로잡힌 사람에게 누군가가 적절한 도움을 줄 수 있다면 세상의 많은 갈등이 줄어들지 않을까 싶다. 인간의 행동에는 윤리와 도덕의 기준이 있다. 인간의 생각에도 윤리와 도덕의 잣대를 댈 수 있다. 그런데 인간의 감정에는 윤리와 도덕이 없다고 한다. 왜냐하면 감정은 자연 발생적인 것이고 자신의 의지대로 쉽게 조절할 수 없는 것이기 때문이다.

자녀의 행동을 무절제하게 수용하면 곤란하다. 자녀가 자기 통제 능력을 키우지 못하게 하기 때문이다. 자녀의 생각도 무조건 수용할 수는 없다. 무슨 생각이든 다 행동으로 옮기면 곤란하기 때문이다. 그러나 자녀의 감정은 전적으로 수용하는 것이 바람직하다. 주체하기 힘든 부정적인 감정도 수용받으면 사그라지기 때문이다.

부정적인 감정이 사그라져야만 건전한 생각이 자리 잡을 수 있다. 우는 아이나 짜증 내는 아이에게 울지 못하도록, 짜증 내지 못하도록 통제하는 것은 가혹하다. 특별히 곤란한 상황이 아니라면 울 수 있도록, 짜증 낼 수 있도록 두고 보는 것이 좋다. 부모가 적극적으로 도울 수 있는 일은 부정적인 감정을 수용하고 공감해서 자녀가 부정적인 감정에서 벗어나도록 하는 것이다. 유아기에 감정 통제를 무리하게 시키면 건강한 사람으로 살아가는 데 어려움을 겪게 된다. 독재자 히틀러는 유아기에 무서운 아버지에게서 철저하게 감정 통제를 받았다고 하지 않는가.

# 2

# 눈높이를 맞추면 아이 스스로 마음을 연다

'남의 말을 잘 듣는다'는 말은 두 가지 의미로 쓰인다.

하나는 귀 기울여서 남이 하는 말을 열심히 듣는다는 뜻으로 경청을 의미하고 긍정적으로 쓰인다.

다른 하나는 남이 하자는 대로 순종하고 복종한다는 뜻으로 주체성이 없다는 것을 의미하고 대개는 부정적으로 해석된다.

따라서 말을 잘 듣는다고 했을 때 어느 쪽 의미인지를 구별하는 것이 중요하다.

지금부터 경청을 의미하는 잘 듣기에 대해서 생각해 보자. 부모 중에는 살아오면서 몸에 밴 태도로 듣기를 잘하는 사람이 있는가 하면 남의 말을 듣는 것을 전혀 못하거나 안 하는 사람도 있다. 기본적으로 남의 말에 귀 기울이고 잘 듣는 것이 습관화된 사람은 상담 기법에 속하는 적극적·반영적 경청을 쉽게 습득할 수 있다. 이런 사람은 상담자의 자질을 갖춘 사람이라고 할 수 있다. 반면 남의 말을 듣는 것을 잘 못하는 사람은 잘 듣기 연습을 하는 것이 좋은 부모로 가는 첫걸음이다.

# 잘 듣는 것이
# 의사소통의 첫걸음

## 상대의 마음에 귀 기울이는
## '듣기 연습'

잘 듣기의 기본은 수동적이고 소극적인 경청이다. 경청하려면 우선 관심을 기울이고 주의를 집중해서 잘 들을 수 있는 자세를 취해야 한다. 서로 편하고 부담스럽지 않은 적당히 가까운 거리에서 온몸을 향해서 듣는 자세가 좋다. 다른 일을 하면서 듣는다거나 눈을 다른 데 두고 듣는 것은 좋은 듣기 자세가 아니다.

상대방이 하는 말을 끝까지 잘 들어 주는 것이 중요하므로 중간에 끼어들거나 말을 자르지 말고 침묵한 상태에서 듣는다. 그래서 경청을 '침묵의 대화'라고 하기도 한다. 주의할 것은 침묵하라는 말이 무반응으로 일관하라는 뜻이 아니라는 점이다.

경청하는 사람은 상대방에게 잘 듣고 있다는 반응을 적절히 보여 줘야 한다. 비언어적으로는 눈을 맞추거나 웃어 주거나 고개를 끄덕이는 등의 반응이 있고, 언어적으로는 '오, 아, 그래, 그랬어, 그랬구나, 정말' 등으로 듣는 사람의 의견이나 감정이 섞이지 않은 단순한 언어를 구사하는 방법이 있다.

그러니까 결국 경청한다는 것은 말하는 사람이 편하고 기분 좋은 상태에서 충분히 하고 싶은 말을 할 수 있도록 분위기를 만들어 주는 것이다. 그리고 필요하면 대화의 열쇠를 사용해서 말문을 열어 주는 것도 좋다. 상대방이 더 말하기를 망설일 때나 내가 더 듣고 싶은 말이 있을 때는 솔직하게 접근하되 추궁하는 느낌이 들지 않도록 하는 것이 좋다.

"그래서 어떻게 됐니" "누가 그랬어" "왜 그렇게 됐는데" "무엇 때문이야" "좀 더 이야기해 봐" 같이 너무 직접적으로 말하면 듣는 사람 입장에서는 추궁당하는 느낌이 들고 부담스러울 수 있다.

반면에 "다음 얘기를 듣고 싶단다" "어떻게 됐는지 궁금한걸" "나 재미있게 듣고 있어" "좀 더 듣고 싶구나" 같이 간접적으로 말하면 상대방은 부담 없이 자신의 의지에 따라 대화의 문을 열 수 있을 것이다. 이러한 방법으로 잘 듣기 연습을 한 다음 더욱 적극적으로 자녀를 도와주는 경청법을 익히는 것이 바람직하다.

## 대화할 때 집중하지 않는 남편

현직 의대 교수인 김씨의 사례다. 김씨의 부인은 대화를 나눌 때

집중하지 않는 남편의 태도에 불만이 많았다. 남편이 워낙 바쁜지라 저녁 시간이나 되어야 대화를 할 짬이 생기고, 부인은 그 시간에 이런저런 의논을 하고 싶은데 남편은 항상 신문을 들고 대화를 시작하려고 한다.

남편 말인즉 "신문을 보고 있어도 당신 말 다 들을 수 있고 신문 읽을 시간이 지금밖에 없으니 이해해 달라"는 것이다. 신문을 보면서 아내 말에 집중해 주지 않는 남편이 못마땅해서 아내는 대화를 그만하거나 화가 나는 일이 한두 번이 아니었다. 더러는 이 문제로 다투기도 했지만 두 사람은 팽팽하게 자신의 주장만 옳다고 생각하고 서로 상대방이 바뀌기를 바라고 있었다.


여름방학에 김씨는 부모역할훈련 프로그램에 참가할 기회가 있었고 역할극(Role Play)으로 경청하기 실습을 하면서 딴청 부리기와 경청하기의 차이점을 몸으로 느끼게 되었다. 자신이 신문을 보면서 아내 말을 들었을 때 아내의 마음이 어떠했을지 비로소 이해가 되었다. 그날로 아내에게 대화 시간에 신문을 보지 않기로 약속했다. 물론 아내는 무척 기뻐했고, 기뻐하는 아내의 모습을 보면서 진작 고칠걸 하는 생각을 했다고 한다.

## 앵무새처럼 따라 하기

자녀의 말에 관심을 갖고 귀 기울여 잘 들어주는 태도를 몸에 익힌
다음 앵무새 연습을 해 보자.

자녀가 집 안으로 들어오면서
"엄마, 오늘 많이 추워요"라고 하면
"많이 추웠구나"라고 답한다.
식사 때가 가까워져서
"엄마 배고파"라고 하면
"배가 고프구나"라고 답한다.
저녁 시간에
"엄마 졸려"라고 하면
"졸립구나"라고 답한다.
숙제를 하다가
"숙제하기 싫어"라고 하면
"숙제하기 싫구나"라고 답한다.
친구 이야기를 하다가
"엄마 걔는 맘에 안 들어"라고 하면

"네 맘에 안 든다고?"라고 답한다.

말하는 내용을 보면 거의 앵무새 수준이다. 물론 앵무새처럼 말을 그대로 따라 하는 것이 목표는 아니다. 경청의 수준을 높이기 위해서 필요한 연습을 하는 것이다. 자녀가 아직 어리거나 지금껏 좋은 관계를 유지해 왔다면 부모의 앵무새 반응에 그다지 거부 반응을 보이지는 않을 것이다. 다소 의아해하면서도 기분 좋아하거나 재미있어 할 수도 있다. 때에 따라서는 연습을 하겠노라고 자녀에게 알려 줘도 좋다. 앵무새가 되어서 자녀의 말을 되짚다 보면 자녀의 감정이나 처지를 이해하기가 한결 쉬워질 것이다. 앵무새 연습을 통해서 공감하는 능력을 키운 다음 반영적<sub>(적극적)</sub> 경청을 시도한다면 좀 더 용이하게 접근할 수 있을 것이다.

앵무새 연습을 할 때 주의할 점이 있다. 자녀의 행동을 못마땅하게 생각하고 수용할 수 없을 때는 앵무새가 되기를 사양해야 한다. 자녀가 혼돈스럽기 때문이다. 또 하나, 문제 해결이 급할 때나 빨리 해결하고 싶을 때도 앵무새 연습을 하기에는 적절하지 않다.

## 자녀를 믿어 주는 '반영적 경청'

반영적 경청법은 자녀를 믿는 마음으로 시작하여 자녀에게 도움을 주는 방법이다. 자녀의 행동을 바꾸려는 의사 없이 자녀에게 행동의 선택권을 맡기는 방법이기도 하다. 그러기 위해서는 먼저 자녀의 문제를 부모가 해결해 줘야 한다는 생각부터 버려야 한다. 자녀의 입장에서 생각하고 말하는 것보다 열심히 듣는 것(경청)이 먼저다.

반영적 경청은 3단계의 과정을 거치게 된다.

첫째 단계에서 자녀가 전달하고 싶은 메시지를 말이나 행동으로 표현하면, 둘째 단계에서 부모가 그 메시지를 관찰 해독하고 자녀의 느낌이나 생각을 찾아서 귀환시킨다(Feed back). 셋째 단계에서 자녀는 부모의 추측이 자신이 전달하려는 메시지와 일치한다면 긍정할 것이다. 자녀가 부정할 때는 부모의 추측이 잘못된 것이므로 2단계를 다시 시도해야 한다.

이렇게 의사소통을 하는 과정에서 자녀가 지닌 문제를 부모는 거울이 되어 반영하고, 자녀는 자신의 문제를 객관적으로 보고 인식하게 된다. 이런 의사소통 기술을 '반영적 경청'이라고 한다.

그 방법을 좀 더 상세히 살펴보자.

초보적인 단계로, 자녀의 메시지를 반복해서 말하거나 약간 바꾸어서 되돌려보내는 방법이다.

예를 들면, 더운 날 밖에서 놀다 들어온 자녀가 "엄마, 너무 더워요"라고 했을 때 "그래 너무 덥구나"라고 말하는 것, 개를 보고 무서워 매달리면서 "엄마 무서워"라고 하는 아이에게 "그래 개가 무섭구나"라고 말하는 식이다. 이것은 일단 기본적으로 아이의 느낌을 수용하는 대화법이다. 그런데 많은 어머니들이 이런 문제에 부딪혔을 때 "더우면 옷 벗고 씻어" "더운데 왜 그렇게 나다니니" "괜찮아, 물지 않아" "무섭긴 뭐가 무서워” “아이고, 이 겁쟁이야” 같은 말로 자녀의 감정을 거부하거나 수용하지 않는 태도를 보인다.

다음은 말을 그대로 반복하는 단계에서 한 단계 더 나아가 자녀의 생각과 느낌을 찾아서 읽어 주는 단계다. “엄마, 나 주사 맞기 싫어”라고 하는 아이에게 “주사 맞기 싫구나”라고 하면 초보적인 단계에 해당하고, “주사 맞으면 아플까 봐 두렵구나”라고 하면 좀 더 깊이 있는 대답이라고 할 수 있다. 위의 상황에서는 두려운 감정이 싫은 감정의 근원이기 때문이다.

한 가지 예를 더 들어 보기로 하자. 동생 때문에 엄마와 함께 놀 시간이 없다고 불평하는 아이에게 “엄마가 네게 관심을 쏟지 않는다고 생각해서 섭섭하구나”라고 말한다면 자녀의 생각과 느낌을 알고 읽어 주는 좋은 반응이 된다.

반영적 경청을 실제로 사용하다 보면 많은 실수를 저지르게 된다. 자녀와 부모가 지금까지 맺어 온 상호 관계에 따라서 여러 가지 변수가 발생할 수도 있다. 아이의 마음이 시시각각으로 변하고 또 민감하기 때문에 꾸준한 연습과 진실한 마음으로 자녀와 대화를 나눌 때 만족스러운 성과를 얻을 수 있을 것이다.

하지만 분명한 것은 기술이 서툴거나 자녀의 마음을 잘못 읽어서 실수를 하더라도, 자녀의 마음을 아예 받아들이지 않는 것보다는 낫다는 점이다. 자신을 수용하고 공감하고자 하는 부모의 마음이 자녀에게 전해지기 때문이다.

# 자녀의 말문을 여는
# 반영적 경청

## 먼저 아이의 마음을
## 읽어 주자

### 모든 일을 엄마에게 의존하는 아이

　초등학교 2학년 외아들을 둔 30대 중반의 김씨는 요즘 들어 부쩍 아들에게 불만이 많아졌다. 어려서부터 아이를 지나치게 챙겨 주고 보호한 탓인지, 엄마가 시키지 않으면 해야 할 일도 하지 않고 매사에 의존적인 성향이 강했다. 그래서 김씨는 요즘 아이의 그런 행동이 점차 미워졌고, 아이는 엄마의 눈치를 보게 되면서 모자 관계가 점점 나빠지고 있었다. 이 무렵 김씨는 부모역할훈련 프로그램에 참가하면서 자신의 문제가 무엇인지 알게 되었다. 아들이 자발적으로 할 수 있도록 기다리지 못하고 항상 앞서서 지시해 왔고 엄마 입장에서 판단하고 명령해 온 것이다.

아이의 행동 중에서도 매일 저녁, 씻고 양치질하고 잠자리에 들게 하는 것이 김씨를 특히 힘들게 하는 문제였다. 아이는 저녁마다 양치질하는 것을 싫어해서 여러 번 잔소리를 해야 겨우 양치질을 하고 잤다. 어떤 때는 김씨가 자는 아이를 깨워서 양치질을 시키기도 했다. 김씨는 바른 습관을 길러 주는 것이 중요하다고 생각했지만 아이에게 양치질은 그저 귀찮은 일일 뿐이었다. 어느 날 저녁 김씨는 오늘은 아이에게 강요하지 않고 그냥 지켜봐야겠다고 생각했다. 잠자리에 들어야 할 시간이 가까워지자 아이의 양미간이 찌푸려지기 시작했다. 씻고 자는 것에 대한 스트레스가 컸던 것이다. 김씨는 평소와 다른 방법으로 아이의 마음을 읽어 주는 말을 했다.

"이제 잘 시간이 가까워지니까 엄마가 씻으라고 할까 봐 걱정이 되나 보구나."

아이는 의외라는 듯 눈이 동그래지긴 했지만 아무 말도 없었다. 그러다 잠깐 시간이 지난 뒤에 혼자 슬그머니 화장실로 들어갔다. '엄마가 마음을 한번 읽어 준 것만으로 자기가 할 일을 하는구나. 잔소리하지 않길 참 잘했다'는 생각에 스스로 흐뭇했다.

화장실에서 양치질하고 씻는 소리가 들렸다. 김씨는 아이가 나오길 기다렸다가 말을 건넸다.

"오늘 엄마가 씻으라는 말도 안 했는데, 우리 준희가 알아서 다 씻고 나오니까 엄마는 기분이 정말 좋네."

아이에게 기쁜 마음을 전달하자 아이가 빙그레 웃었지만 역시 아무 말도 없었다. 칭찬을 듣는 것이 어색하고 쑥스러운 눈치였다. 아이는 방으로 들어가서 침대에 누웠고, 그때 화장실에 들어간 남편이 김씨를 불렀다.

"여보, 여기 좀 봐. 준희가 화장실을 온통 어질러 놨어."

아이는 씻기만 하고 화장실 정리를 하지 않은 것이다.

"가르치려면 제대로 하게 해야지. 이게 뭐야, 어지럽게."

남편은 불만을 토했지만 김씨는 아이가 혼자서 씻은 것만으로도 충분히 대견해서 남편에게 "알았어요"라고 언짢은 기색 없이 대답했다. '혼자서 씻은 것만도 장한데 처음부터 말끔히 정리정돈까지 하기를 바란다면 너무 부담스러워할지도 몰라. 그러면 자발적으로 시작한 일마저 안 하게 될지도 몰라.' 생각이 여기에 미치자 남편이 제대로 가르치라고 한 화장실 정리 문제는 그날 저녁 아들에게 언급하지 않기로 했다.

잠자리에 든 김씨는 거실에서 아이의 발자국 소리가 나는 것을 들었다. 아이가 자는 줄 알았는데 여기저기를 왔다 갔다 하는 듯했다. 한참 후 아이는 제 방으로 들어갔고 다시 조용해졌다. 도대체 거실에서 무엇을 했을까 하는 궁금한 생각에 거실로 나온 김씨는 깜짝 놀랐다. 저녁 시간에 펼쳐 보고 그대로 둔 신문지며 과일 접시, 물컵 등이 모두 정리되어 있었던 것이다. 아침에 치우려고 둔 접시들이 부엌에 옮겨져 있었고 신문지도 모두 제자리에 놓여 있었다. 아들이 자려다 말고 거실을 다 정리해 놓고 들어간 것이다. 김씨는 너무도 놀랍고 흐뭇했다.

‘우리 아들이 참 괜찮은 아이였구나. 이렇게 잘할 수 있는 아이를 내가 야단만 쳤구나. 좋은 일을 하고 싶은 마음이 우리 아이에게도 있었구나.’ 그런데 지금껏 다그치고 꾸중하면서 자신의 기준으로 평가했다고 생각하니 아이에게 너무나 미안한 마음이 들었다. 김씨는 이제는 아이를 믿을 수 있다는 생각에 밤잠을 설칠 정도로 행복했다.



## 자녀들 싸움에
## 객관적 관찰자가 되어라

### 자주 싸우는 남매

4학년 아들과 2학년 딸을 둔 주부 이씨는 평소 아이들이 다툴 때면 딸아이가 약자라는 생각에 편을 들어 왔다. 평소에 자신의 편파적인 성향을 깨닫지 못하던 이씨는 부모역할훈련 프로그램에 참가하면서 자신의 태도에 문제가 있음을 발견하게 되었다. 어렸을 때 두 오빠에게 품었던 억울한 느낌이 작용한 것을 깨달은 것이다. 아이들이 다툴 때 유심히 살펴보니 딸아이는 엄마의 힘을 빌려서 자신의 입장을 유리하게 만들어 가는 것이 보였다. 딸아이는 “엄마, 오빠가 이렇게 했어. 오빠 야단쳐” “엄마, 빨리 이리 와 봐. 이거 해 줘”라고 하며 엄마를 불렀고 그럴 때마다 엄마는 딸아이의 편을 들어 문제를 해결해 왔다.

이씨는 이러한 문제를 해결하기 위해 '객관적으로 바라보기, 관여하지 않기'를 실천하기로 마음먹었다. 어느 날 작은아이가 큰아이 방에 가더니 무슨 일인지 알 수 없지만 큰 소리로 다퉜다. 평소 같으면 아들을 혼내고 싸움이 끝나게 했겠지만 그날은 개입하지 않고 관찰하기로 했다. 방 밖에서 싸우는 소리를 듣고 있자니 딸아이의 목소리가 점점 커졌다. 딸아이가 엄마에게 자기편을 들어 달라고 보내는 신호였다. 싸움을 빨리 해결하고 싶은 마음을 누르고 안방으로 들어와 음악을 크게 틀었다. 아이들이 다투는 소리를 듣지 않기 위해서였다. 자리를 피하는 것도 하나의 방법이라고 생각했기 때문이다. 잠시 후 딸이 안방으로 찾아왔다.

"(화난 목소리로) 엄마는 왜 음악만 듣고 있어."

그제야 이씨는 음악을 끄고,

"엄마한테 할 이야기가 있니?"라고 물으면서 딸의 사연을 들었다. 잘잘못을 말하지 않고, 딸의 마음을 읽어 주고 알아주는 '반영적 경청'을 했다.

"오빠가 내 지우개 갖고 가서 많이 쓰고 돌려주지도 않고 나한테 화만 내는데, 엄마 왜 가만있어. 왜 오빠 안 혼내(씩씩)."

"아! 우리 미연이, 오빠가 그래서 속상했구나. 그리고 엄마가 네 편 안 들어 줘서 서운했고."

이때 만약 이씨가 "오빠가 잘못했네. 그래, 엄마가 네 편 들어주지 않아서 미안하다"라고 했다면 문제에 직접 개입해서 딸아이 편을 드는 것이 되고 딸아이의 의존적인 성향을 키우는 것이 된다.

아이의 마음을 읽어 주자 딸아이는 오빠를 혼내 주라고 떼를 쓰지도 않고 기분이 좋아진 듯 엄마 곁에서 놀았다. 잠시 후 이번엔 오빠가 안방으로 찾아왔다.

"엄마, 엄마는 항상 미연이 말만 듣고 나만 잘못한 줄 알죠?"

아들의 그 말을 듣고 다시 반영적 경청을 했다.

"엄마가 미연이 말만 들어 주니까 승준이가 섭섭했나 보구나."

"엄마, 쟤는 항상 자기 유리한 쪽으로만 이야기하잖아요?"

"그래, 승준이도 엄마한테 하고 싶은 이야기가 있었구나."

이씨는 이렇게 말하면서 역시 '잘했다, 잘못했다'는 판단을 배제한 반영적 경청을 했다. 예전에 사용한 "네가 오빠면서 왜 그러느냐, 네가 참아라, 동생한테 왜 그러느냐" 같은 명령, 비난, 훈계, 충고는 하지 않고, 아들의 마음을 알아주고 읽어 주는 말만 하였다.

"엄마, 쟤는 항상 나만 나쁜 오빠라고 하고, 걸핏하면 엄마한테 일러서 엄마는 나만 혼내고 그러잖아요."

이씨는 아들이 억울해하면서 엄마에게 하소연하는 모습을 보고 또다시 아들의 마음을 읽어 주기 위해 말을 건넸다.

"아, 그랬구나. 그럴 땐 정말 미연이가 미웠겠구나."

그런데 아들의 반응은 뜻밖이었다. "그래요, 미연이가 미워요"라고 할 줄 알았던 아들이 잠시 생각하더니 이렇게 말하는 게 아닌가.

"엄마, 그러면 내가 나쁜 애가 되잖아요. 동생을 미워하면 나쁜 애잖아요. 난 미연이를 미워하는 게 아니에요. 미연이가 하는 행동이 미운 거죠."

엄마와 대화를 나누며 마음이 편안해진 아이들은 언제 싸웠느냐는 듯이 잠시 후 함께 놀았다.

이 사례에서 아들이 화가 많이 나 있었다면 "미연이가 미웠겠구나"라고 엄마가 말했을 때 "그렇다"고 긍정했을 수도 있다. 이미 다투고 난 후 상당한 시간이 지났고, 엄마의 수용과 공감 덕분에 아들은 감정 홍수 상태가 아닌 이성을 회복한 상태였다. 따라서 오빠가 동생을 미워하면 나쁘다는 생각을 충분히 할 수 있었던 것이다. 이씨는 아들의 말을 들으며 '내가 아이에게 한 수 배웠구나'라고 생각했다.

형제가 다툴 때 부모가 관여하여 어느 쪽 편을 들어 주면 문제 상황이 빨리 끝날 수 있다. 그렇지만 문제가 해결되는 것은 아니다. 단지 표면에서 사라질 뿐이다. 잠재된 문제는 언제 다시 드러나서 말썽을 일으킬지 모른다. 따라서 위험하고 다급한 경우나 공공장소에서 타인에게 피해를 주는 상황이 아니라면 형제간의 다툼에 관여하지 않고 스스로 해결할 수 있도록 하는 것이 좋다. 형제끼리 대화하고 때로는 다투면서 문제 해결 방법을 터득하고 함께 성장할 수 있도록 믿어 주는 부모가 되어야 하지 않을까.

위 사례를 보면 부모가 관심을 갖고 자녀의 입장에서 들어 주는 방법이 감정을 조절하게 해 주고 평정을 찾게 하는 데 효과적임을 알 수 있다. 그러나 이렇게 하기 위해서는 여러 가지 조건(부모가 편안한 상태, 자녀를 돕고 싶은 인간적인 진실함, 자녀를 믿는 마음, 객관적이고 이성적인 태도)이 전제되어야 하기 때문에 현실적으로 실천하기가 쉽지만은 않다.

## 시험을 잘못 본 아이

학급 반장인 중학교 2학년 아들을 둔 문씨는 얼마 전부터 부모역할훈련 프로그램에 참가해 왔다. 아이가 2학년이 되면서 학습 의욕도 떨어지고 자신감도 떨어진 것 같아서 문씨는 안타깝게 여겨 왔다. 그런데 문씨가 아이가 혼자 고민해 온 문제를 해결하는 데 도움을 주었다. 고민이 해결된 후 아이가 표정도 한결 밝아지고, 기말 시험에도 의욕적으로 대비하는 것 같아 문씨는 내심 기대를 하고 있었다.

3일간의 시험 중 첫날이었다. 문씨는 아이가 돌아올 시간에 집에서 기다렸다 아이를 맞았다. 현관문을 열고 들어오는 아이의 표정이 굳어 있었고 풀죽은 목소리로 말했다.

"에이, 첫날부터 시험 완전히 망쳤어."

순간 문씨는 가슴이 철렁했지만 다행히 어떻게 말해야 할지 생각할 수 있는 여유가 있었다. 아마 부모역할을 받기 전과 후의 차이가 아닐까 싶다.

"많이 실망했겠네. 시험 잘 보겠다고 그렇게 열심히 했는데."

"내일, 모레 시험공부 할 기분이 안 나요."

"많이 속상하구나. 어쩌지?"

'오늘 시험을 망쳤으니 내일, 모레 시험을 더 잘 봐야지 무슨 소리냐'고 하고 싶은 것을 참고 한 말이다.

"내가 공부한 것은 시험에 나오지도 않고 별로 중요하지도 않은 것만 나왔더라고요."

"그랬니?"

문씨는 일단 아이 말을 들어 주기로 마음먹었다.

"무슨 시험 문제를 그렇게 내요? 공부하나 안 하나 똑같아요."

"문제가 네 마음에 정말 안 들었구나."

"중요하다고 강조한 것은 시험에 내야 하잖아요? 그래야 공부할 맛이 나지. 공부해도 필요 없는데 왜 공부하겠어요."

"열심히 공부한 게 억울하구나."

"이번 시험 꼭 잘 보고 싶었는데 생각대로 안 됐으니까 그렇죠."

"속상하지?"

"됐어요. 지금 어떻게 하겠어요. 내일, 모레 시험이나 잘 봐야지요, 뭐. 오늘처럼 그렇게 나오지는 않겠죠."

"그래, 그렇게 생각하다니 참 다행이다."

아이는 그날도 그다음 날도 열심히 공부했고 다행히 시험도 잘 보았다.


교육학에서도 수용적인 부모가 가장 좋은 부모라고 한다. 자녀와 눈높이를 맞추고 자녀의 입장이 되어 본다면 많은 일을 수용할 수 있을 것이다.

"입장 바꿔 생각해 봐." 쉽게 하는 말이다. 노랫말도 있고 일상생활에서도 서로 통하지 않는다는 느낌이 들어 답답해지면 입버릇처럼 하는 말이다. 역지사지(易地思之)라고 말해도 같은 뜻이다.

우리는 서로에게 이해받고 싶은 마음이 간절하다. 그럼에도 상대방을 이해하는 것은 그리 쉽지 않다. 역지사지할 수 있는 사람은 건강한 사람이다. 심리적으로 허약한 사람에게 입장 바꿔 생각해 보라고 요구하는 것은 무리다. 건강한 사람일지라도 항상 역지사지가 가능한 것은 아니다. 불편한 일이 있거나 걱정이나 힘든 일, 갈등이 있을 때는 역지사지할 수 없다. 자신이 편안하고 건강할 때 비로소 생기는 능력이다.

앞의 사례에서 어머니 문씨는 아이의 입장을 수용했다. 아이의 말에 공감해 주지 않았다면 대화가 지속되지 않았을 것이고 바람직한 결과도 없었을 것이다.

## 마음에 파랑새를 담은 아이들

### 자기만 알아 달라고 떼쓰는 아이

요즘처럼 휴대전화가 보편화되기 전에 필자가 경험한 일이다. 몇 가지 살 물건이 있어서 연금매장에 갔는데 마침 점심시간이었다. 나는 얼마 남지 않은 개장 시간을 기다리면서 복도를 서성거리고 있었다. 한 아주머니가 공중전화로 전화를 하고 있었는데, 두 돌 정도 되어 보이는 여자아이가 아주머니 곁으로 가더니 옷을 잡고 흔들면서 전화기를 달라는 시늉을 했다. 정확하게 말을 하지는 못했지만 아주머니에게 전화기를 달라고 소리를 점점 크게 지르고 있었다. 아이 엄마는 당황했는지 얼른 아이를 안아서 멀찌감치 떼어 놓았다. 엄마가 아이에게 뭐라고 주의를 줄 틈도 없이 아이는 그 자리에 벌렁 드러누워 발버둥을 치면서 소리 내어 울었다. 그 광경을 계속 지켜보던 나는 아이 엄마가 야단치기 전에 아이에게 얼른 다가갔다. 아이 엄마에게 눈웃음으로 내가 달래 보겠다는 의사를 전한 다음 아이에게 말했다.

"아가야, 우리 아가 전화하고 싶었구나."

얼굴을 아이에게 가까이하고 아이의 눈을 보면서 최대한 수용하는 느낌이 전달되도록 분위기를 연출하면서 말했다. 내 말을 들은 아이는 바로 울음을 그쳤다.

"아가야, 전화하고 싶었어?"

나는 아이의 마음을 한 번 더 읽어 주고 누워 있는 아이에게 또 말했다.

"아가야, 누워 있을까 일어날까?"

그랬더니 벌떡 일어나서 공중전화 앞의 아주머니에게로 다시 다가갔다. 이때 아이 엄마는 아이를 붙잡아야 할지 말아야 할지 조금 망설이는 것 같았다. 나는 눈짓 손짓으로 아이 엄마에게 그대로 둘 것을 요청했고, 아이 엄마는 내가 원하는 대로 아이를 지켜보았다. 아이는 전화하는 아주머니에게 가까이 다가가더니 혼자서 중얼중얼 무언가를 말하고는 돌아서서 엄마 곁으로 오는 것이 아닌가. 조금 전처럼 소리를 지르지도, 아주머니 옷을 잡고 흔들지도 않았다. 아이 엄마는 신통하다는 표정으로 아이를 안아 주었다.

두 돌에서 두 돌 반 정도의 아이들은 자기주장이 강하다. 때로는 공공장소 등에서 막무가내로 고집을 부려 부모를 당황스럽게 만들기도 한다. 이때 아이가 원하는 대로 무조건 해 줘도 곤란하지만 아이 뜻을 지나치게 꺾어서 기를 죽여도 곤란하다. 아이의 부적절한 행동에 당황한 부모가 갑작스럽게 아이를 저지하면 이유도 모른 채 부모에게 저지당하는 아이는 기분이 나빠질 것이다. 질서, 공중도덕, 윤리 개념이 아직 생기지 않은 아이는 부모를 더욱 난처하게 만드는 행동을 하게 된다. 위급한 상황이 아니라면 아이와 대화를 시도하는 것이 바람직하다.

아이들은 새로운 경험을 통해 새로운 가치를 깨닫는 신통한 능력을 지녔다. 나는 이러한 상황을 목격할 때마다 동화 《파랑새》가 떠오른다. 분명 우리 아이들 마음속에는 파랑새가 존재한다. 그래서 보고 싶을 때 언제든지 마음속 파랑새를 찾아 꺼내 볼 수 있는 것이다.

아이들을 자세히 관찰해 보라. 알아듣게 상황을 설명해 주면 바로 수긍하고, 자신의 고집을 꺾는다. 상황을 이해하고 자신의 잘못을 반성하는 것이다. 이것이 바로 마음속 파랑새다.

## 동생들을 배려할 줄 모르는 자기중심적인 아이

중학교 2학년인 딸 선미는 몸이 약하다. 공부에 지친 딸이 안쓰러워서 때로는 공부를 좀 대충 했으면 하는 마음도 든다. 딸은 이번 시험에서도 전교 2등을 했다. 다른 엄마들은 공부 잘하는 것만으로도 효녀라고 부러워하지만 정작 엄마 생각은 그렇지 않다. 6학년, 4학년인 두 남동생을 배려할 줄 모르고 공부를 열심히 하지 않는 동생들을 무시하기 일쑤다. 집에서도 자기 것만 챙기고 이기적인 것 같아 딸아이가 얄밉게 느껴질 때도 많다. 엄마가 딸을 못마땅하게 생각할수록 딸도 엄마에게 모나게 대하는 것 같다.

모녀 관계가 문제라고 느낄 즈음 엄마는 부모역할훈련 프로그램에 참가하게 되었다. 관계 개선을 위해서 엄마가 먼저 변해야겠다고 생각했지만 실천은 쉽지 않았다. 마음속으로 다짐을 해도 딸아이 얼굴을 보면 말이 부드럽게 나오지 않았다. 여전히 딸의 행동이 못마땅하고 수용하기 힘들었다. 그러기를 몇 주가 지나고 그날은 꼭 실천하리라 마음먹고 딸의 좋은 점만 생각하고 있었다. 학교에서 돌아오는 아이를 현관에서 맞았다. 큰 가방을 짊어지고 오느라 지친 듯 힘없이 서 있는 아이를 보면서 말했다.

"많이 힘들었겠구나."

다짐한 결과이기도 했지만 그 순간은 진심으로 마음에서 우러나
한 말이었다. 작은 몸으로 공부에 지치고 무거운 가방에 치이는 게
그날따라 너무나 애처로워 보여서 한 말이었다. 그런데 아이의 반응
이 뜻밖이었다.

"엄마, 배운 거 써먹는 거죠?"

다행히 시비조는 아니었지만 아이의 반응에 얼른 할 말을 찾을 수
가 없었다. 이대로 끝낼 수 없다는 생각에 "배운 거 맞아. 그렇지만
엄마 진심이야"라고 했더니, 아이는 멋쩍은 듯 이렇게 대꾸했다.

"엄마 미안해. 사실 엄마가 그렇게 말해 줘서 기분이 좋았어. 말이
왜 그렇게 나왔는지 모르겠어."

아이의 이 말에 엄마도 기분이 좋아졌다.

"그랬니? 기분 좋았다면 됐어."

이 일이 있은 후로 모녀는 서로를 더 많이 수용하는 관계로 변해
갔다.


물이 위에서 아래로 흐르는 이치와 같이, 부모가 먼저 변해야 자녀
가 변하는 것이 순리다. 부모는 변하지 않고 자녀만 변하기를 기대하
는 것은 부질없는 일이다. 부모 입장에서 생각하면 미운 짓을 하니까
미워하는 것이고 믿음직한 행동을 하지 않으니까 못 믿어 주는 것이
다. 그래서 부모들은 이렇게 말한다. "어디 잘하는 구석이 있어야 예
뻐하지"라고. 부모의 생각과 태도가 여기에 머무르고 있는 한 자녀는
예쁜 짓도 믿음직한 행동도 하지 않을지 모른다. 부모가 먼저 자녀를

대하는 시각을 바꿀 때 예쁜 짓도 믿음직한 행동도 하게 될 것이다. 변화는 저절로 이루어지는 것이 아니고, 의지를 갖고 노력한 만큼 이루어지는 것이다. 시작이 반이라고 하지 않는가. 시작하기가 아득하고 어렵게 느껴지지만 막상 시작하고 나면 가속도가 붙어 변화된 모습을 볼 수 있을 것이다.



## 직장 때문에 할머니 댁에서 자란 아이

"엄마, 나 업어 줘."

엄마와 함께 외출한 일곱 살 재원이가 길을 걷다 멈춰 서서 말했다. 잠깐 생각했다. '어떻게 하는 것이 좋을까' 하고. 재원이는 나이에 비해 체격이 크다. 엄마는 재원이를 업고 한참을 걸어갈 자신이 없었다. 그렇지만 엄마는 아이의 마음을 읽을 수 있었고 아이의 요구를 일단 받아들이기로 마음먹었다.

"재원이가 엄마 등에 업히고 싶구나."

그러면서 등을 아이 앞에 내밀었다. 아이는 잠깐 망설이는 것 같더니 등에 업혔다. 엄마는 아이를 업고 두세 발자국 떼었다. 그때 아이가 말했다.

“엄마, 나 내릴래.”

“방금 업었는데 벌써 내리려고?”

“엄마, 나 무겁잖아. 엄마 힘들어서 안 돼.”

“우리 재원이가 엄마 생각을 많이 해 주네. 고맙다.”

재원이는 내려서 엄마와 손잡고 신나게 길을 걸었다. 엄마는 재원이를 업으면서 속으로 은근히 걱정을 했었다. 아이가 계속 업히겠다고 하면 어떻게 할까. 그러면 아이에게 ‘재원아, 엄마가 너무 힘들어’라고 말해야겠다고 생각했는데, 아이가 엄마의 걱정을 미리 알고 있다는 듯 엄마를 안심시킨 것이다.

엄마는 재원이를 낳고 직장 때문에 할머니 댁에 보내 키웠는데, 동생을 낳자 직장을 그만두고 동생은 엄마가 직접 키웠다. 그래서 재원이는 요즘도 엄마가 동생만 사랑하고 자기는 사랑하지 않는다는 생각을 하고, 때때로 엄마의 사랑을 확인하고 싶어 한다. 엄마는 한동안 재원이의 그런 행동을 귀찮게 생각하고 이해하려고 하지 않았다. 그러는 동안 아이의 불만은 쌓여 갔다. 다행히 엄마는 부모역할 훈련 프로그램에 참가하면서 문제를 의식하고, 재원이에게 사랑과 관심을 쏟기 시작했다.

예전 같았으면 업어 달라고 하는 아이의 말을 수용하지 않았을 것이다. 다 큰 애가 왜 업히느냐고 핀잔을 주었을 것이고, 업어 주는 것은 옳지 않다고 생각했을 것이다. 아이의 말을 옳고 그름의 기준으로 판단하지 않고, 먼저 아이를 수용한 결과 아이의 행동이 믿음직스럽게 변화한 것이다. 아이에 대한 믿음을 키우게 된 엄마는 마음이 흐

못했다.

인생의 초기 단계에서 사랑받고자 하는 욕구를 충분히 충족하지 못한 아이는 엄마에게 여러 가지 요구를 하게 된다. 아이의 이러한 요구들은 의식적일 수도 있고 무의식적일 수도 있다. 엄마와 형성한 튼튼한 애착 관계는 인간에 대한, 세상에 대한 신뢰의 바탕이 되는데 출생 후 1~2년 사이에 많은 부분이 다져지는 것이다.

그 시기를 놓친 재원이 엄마는 상당한 기간 동안 재원이의 요구가 지나치게 무리하거나 힘들지 않은 경우라면 수용하기 위해 노력해야 한다. 도저히 수용할 수 없는 문제라고 판단되면 수용할 수 없는 이유를 아이가 분명하게 이해할 수 있도록 비난하지 않고 말해야 한다. 그래서 아이가 엄마에게 사랑받고 있다는 느낌을 심어 주고 그 느낌에 확신이 들도록 도와줄 필요가 있다.

## 부모가 하는 대로 하는 아이

### 엄마 마음을 알아주는 아이

감기에 걸려 콧물을 흘리는 다섯 살 난 작은아이가 밖에 나가서 놀다가 흙투성이가 된 채 집에 들어왔다. 나가지 말고 집에서 놀라고

당부를 했는데도 어느새 빠져나갔던 것이다. 엄마는 아이를 화장실로 데리고 들어가 씻기면서 야단을 쳤다. 감기가 심해질까 봐 걱정도 되고 엄마 말을 듣지 않는 아이가 야속하기도 했기 때문이다. 화가 가라앉지 않아 상기된 얼굴로 아이를 씻기고 있는데 화장실 문이 빠끔히 열리더니 일곱 살 큰아이가 얼굴을 들이밀고는 "엄마 속상하구나"라고 하는 것이 아닌가. 큰아이가 알아주는 말 한마디에 엄마는 마음이 차분히 가라앉았다.

인간의 감정은 순간적으로 바뀔 수 있다. 갑작스런 감정 변화에 때로는 자신도 믿기지 않거나 놀라기도 한다. 이런 경우가 긍정적인 의미에서 '되로 주고 말로 받는 경우'라고 할 수 있다. 엄마는 자신이 익힌 것을 열심히 큰아이에게 실천하였을 것이고, 그 결과 엄마가 아이에게 도움을 받은 것이다.

엄마는 인간적으로 진실하게 아이에게 다가가서 아이의 마음을 알아주었을 것이고, 엄마의 새로운 방법으로 긍정적인 경험을 한 아이가 엄마처럼 말해 본 것이리라.

자녀가 어릴 때는 부모가 하는 대로 따라 한다. 부모의 영향력이 지대한 시기다. 이때는 아이가 부모의 변화를 자연스럽게 느끼고 받아들인다. 그러나 초등학교 고학년 이상이 되면 관계가 상당히 굳어져 변화를 시도하는 데 어려움이 따른다. 부모의 변화를 어색해하거나 거부하는 반응을 보이기도 한다. 따라서 부모가 더 많은 노력을 기울여야 할 수밖에 없다. 그렇다고 변화를 피하거나 두려워한다면, 성장하고 발전할 수 없다. 성장과 발전을 위해서는 변화하는 과정이 필수적이기 때문이다.

## 아이의 감정 홍수를 조절해 주며 대화하기

### 엄마가 외출해서 짜증 난 아이

고등학교 2학년인 아들이 학교가 끝난 뒤에 혼자 빈집을 지키면서 여러 가지 불만으로 차 있었다. 집에서 맞이해 주는 엄마가 없는 것도, 배가 고픈데 마땅히 먹을 것이 없는 것도, 체육을 하고 피곤해서 쉬고 싶은데 자주 걸려 오는 전화를 받아야 하는 것도 모두 짜증스러웠다. 엄마는 집에 들어서면서부터 아들이 드러내는 불편한 심기를 하나하나 읽어 주었다. 엄마가 원하는 일을 하느라고 집을 비우는 것이 미안해서 아들을 수용하는 것이 어렵지 않았다. "엄마가 집에 없으니까 싫었구나" "마땅히 먹을 게 없어서 실망했지" "전화 받느라고 짜증났겠구나." 이렇게 아들과 꼭 필요한 말을 주고받으면서 서둘러 저녁 식사 준비를 했다. 식사 준비가 끝나 가는 시간에 맞춰서 남편과 딸이 집에 들어왔다. 아들의 불만은 모두 해소되지 않고 아직 마음에 남아 있었다.

"독어 선생님은 쓸데없이 숙제를 많이 내주고 우리를 못살게 해.

독어 숙제밖에 할 일이 없는 줄 아는가 봐.”

“독어 숙제가 많은가 보구나.”

“다른 것도 해야 돼요. 그런데 시간이 너무 늦었잖아요.”

“식사 시간이 늦어서 마음이 조급하지?”

“독어 숙제 때문에 그래요. 숙제 좀 적게 내주면 안 되나.”

“오늘 같은 날은 선생님이 원망스럽겠구나.”

“할 수 없죠. 빨리 먹고 해야죠.”

다행히 아들은 표정이 밝아졌고, 가족은 기분 좋게 밥을 먹으면서 기대하지 않았던 아들의 얘기까지 들을 수 있었다.

“엄마, 독어는 기초가 중요하기 때문에 2학년 때 열심히 해야 된대요. 우리 독어 선생님은 3학년 담당을 오래하셨기 때문에 아주 잘 알아요.”

“아, 그러니까 지금 독어 공부를 철저히 해 놓으면 3학년 때 도움이 된다는 말이구나.”

“그럼요. 우리 선생님이 그래서 숙제를 많이 내주시는 거예요.”

책상에 앉아서 열심히 숙제하는 아들의 모습을 보며 엄마는 마음이 흐뭇했다. 아들과 엄마의 대화에 끼어들어 방해하지 않은 아빠와 딸에게도 고마운 마음이 들었다. 아빠는 숙제를 탓하고 선생님을 탓하는 아들을 나무라고 싶은 마음이 있었지만 엄마를 믿고 참았다고 했다.


‘아’ 다르고 ‘어’ 다르다는 말이 있다. 우리의 감정은 미묘하게 움직이고 상대방의 한마디 말에 울기도 웃기도 한다. 또한 내가 하는 한 마디 말이 내 가족과 이웃을 웃기기도 울리기도 한다. 다른 사람이 불편해 할 때 내 생각이나 판단으로 말하지 않고, 그 사람 입장이 되어 이해하고 수용하는 자세로 공감해 주면 상대방은 감정의 갈등에서 벗어나고 내 도움에 고마워할 것이다. 그리하여 우리는 좋은 관계를 맺게 될 것이고 생활이 즐거워질 것이다.

현실적으로 사춘기 자녀가 힘들어하는 문제나 공부와 관련된 문제들에서 부모가 자녀를 수용하는 것은 쉽지 않은 일이다. 몸과 마음이 건강한 부모가 좋은 상황에 있을 때가 아니면 여러 가지 걸리는 것이 많아진다. 또 어디까지 수용해야 옳을지 혼란스러울 수도 있다. 따라서 수용 능력을 기르는 것도 중요하지만 어떤 것을 수용하고 비수용해야 할지 분별력을 기르는 것 역시 중요하다.

## 아이의 감정을 평가하지 말고 받아들이자

### 선생님에게 불만이 많은 아이

"엄마! 우리 선생님은 정말 불공평해요."

잔뜩 찌푸린 얼굴로 학교에서 돌아온 4학년 아들이 현관을 들어서면서 투덜거렸다.

"무슨 일인데 그래?"

"여자애하고 다투면요, 무조건 남자만 나무라잖아요."

"그럴 리가 있어? 뭔가 잘못했으니까 그러셨겠지."

"그게 아니란 말이에요."

"아니긴 뭐가 아니야. 선생님도 생각이 있어서 그러실 텐데. 이해하고 선생님 말씀에 따라야지."

아들 편을 들어서 선생님을 비난하면 교육적으로 나쁠 것이라는 생각이 스치면서 이성적으로 대하리라 마음먹고 대답한 말이었다. 그런데 어찌 된 일인지 기대와는 다르게 아이와는 말이 잘 통하지 않고 빗나가기가 일쑤였다.

"엄마는 아무것도 모르면서 왜 그래요? 엄마한테 말해 봤자죠 뭐. 엄마하고는 말이 안 통해요."

아이가 이렇게 대꾸하면서 제 방문을 닫고 들어가 버리면 뭔가 잘못된 것 같아서 아이 방에 따라 들어가 다시 물어보지만 아이는 이미 마음을 닫아 버린 듯했다.

"됐어요" "엄만 몰라도 돼요" "나가 주세요". 이렇게 대화가 끝나 버리곤 하던 일이 얼마 전까지 가끔 있었고, 이런 일이 있을 때면 가슴이 답답해지곤 했다. '벌써 이렇게 말이 안 통하는데 중학교에 들어가면 무슨 얘기를 할 수 있을까? 정말 말문을 닫아 버리는 것이 아닐까?' 그렇다고 아이가 하는 얘기에 맞장구를 치고 아이 편을 들어도 안 될 것 같으니 참 난감하기만 했다. 그런데 오늘은 전혀 다른 새로운 경험을 하게 되었다.

“우리 선생님은 항상 여자애들 편만 들어. 계속해서 남자라고 왜 손해만 봐야 돼?”

부모역할훈련 프로그램에서 익힌 기술을 사용하리라 마음먹은 엄마는 순간 생각을 정리했다. 내 판단을 앞세우지 말고 아이 입장에서 들어 봐야지.

“그랬어? 무언가 억울했구나.”

아들은 전과 같지 않은 엄마의 태도에 약간 의아한 듯하더니 말을 이어 갔다.

“그럼요, 억울하죠. 잘못한 사람을 나무라야지 무조건 남자라고 참으라는 법이 어디 있어요?”

“그래, 무조건 참는 게 부당하다고 생각했구나.”

“물론이죠. 우리 선생님은 얘기도 안 들어 보고 무조건 여자 편만 드세요.”

“그랬어? 네가 할 말이 많은가 보구나.”

그리고는 여자애와 다툰 아들의 얘기를 열심히 들었고, 아들은 신이 나서 자기 생각을 한참 얘기하더니 언제 기분이 나빴는가 싶게 표정이 밝아졌다. 그런데 아들 얘기를 다 듣고 보니까 선생님이 좀 일방적인 것 같다는 생각이 들어서 아들에게 제안을 했다.

“엄마는 네가 오늘 있었던 일을 선생님께 상세하게 말씀드려 보면 좋을 것 같아. 편지를 써서 알려드리면 어떻겠니?”

한참 생각을 하는 것 같던 아이가 뜻밖의 말을 하였다.

“엄마, 이젠 괜찮아요. 그럴 수도 있죠 뭐. 우리 선생님, 사실은 좋

은 점이 더 많아요. 남자끼리 통하는 것도 얼마나 많은데요. 여자애
들하고 다툴 때만 문제거든요. 그 정도는 우리가 봐드리면 돼요."

'아! 감정의 물꼬를 터 주는 것이 이렇게 중요하다니. 아이의 말을
수용하는 마음으로 들어 주고, 아이 마음을 짐작해서 알아주는 말을
하고, 단지 그렇게 했을 따름인데…….'

아이는 이미 감정의 사슬을 다 풀고 훨훨 자유로워져 있었다. 선
생님을 이미 긍정적으로 받아들이고 있으니 말이다. '그래! 엄마보
다 오히려 네가 낫구나! 오늘따라 내 아들이 이렇게 훌쩍 커 보이고
대견해 보일 수가 없구나.'


선생님에 대한 불편한 감정을 엄마에게 말했을 때 엄마가 걸림돌이
되는 말을 하면 자신의 생각을 이해받지 못한 아이는 말문을 닫게 되
고 선생님도 엄마도 싫어진다. 그뿐 아니라 마음속에 남아 있는 부정
적인 감정은 아이의 정신 활동을 방해한다. 아이의 불편한 감정을 수
용해서 알아주되, 아이 편이 되어서 맞장구치고 선생님을 비판하고 비
난하면 곤란하다. 선생님을 틀렸다고 말하고 비난하면 아이 교육에 너
무나 나쁜 영향을 미치기 때문이다.

많은 부모들이 이런 문제를 만날 때 진퇴양난의 기분을 느낀다고 한
다. 아이 편을 들 수도 선생님 편을 들 수도 없기 때문이다. 아이 편을
들면 교육적으로 나쁠 것 같고 선생님 편을 들자니 아이의 화가 풀리
지 않고, 살아오면서 알게 모르게 양자택일하게 되고 이분법에 길들여
져 온 결과인 것이다.

인간관계에서는 편가름하지 않고 조화를 이루는 것이 성숙한 단계이다. 아이의 마음을 알아주는 것은 선생님이 틀렸다고 하는 것과는 다르다. 따라서 감정의 문제는 옳고 그름의 차원으로 접근하지 말고 있는 그대로 받아들이는 것이 문제 해결의 실마리가 된다.

반영적 경청으로
아이의 마음을 정화하자

## 동생을 미워하는 아이

여덟 살 상우, 네 살 정우 형제를 둔 엄마의 사례다.

상우 엄마는 3년 전에 부모역할훈련 프로그램에 참가하고 그 후 자신과의 싸움을 하면서 많은 시행착오를 겪었다. 반영적 경청을 하다가도 아이가 자기 마음을 완전히 털어놓기 전에 엄마가 개입하여 충고하거나 위로 또는 훈계를 하기 일쑤였다. 다시 상급 과정에 참가하면서 엄마가 신경 써서 실천해야 할 부분은, 중간에 끼어들고픈 마음을 자제하는 것이라 생각했다.

며칠 전 놀이터에서 큰아이가 엄마에게 시험을 걸어 왔다. 아이 둘 다 각자 놀이터에서 신나게 놀더니 큰아이가 추워서 집에 들어가자고 했다. 잘됐다 싶어서 얼른 대답했다.

"응, 엄마도 추워. 정우한테 가서 집에 가자고 해라."

큰아이가 동생에게 집에 들어가자고 말하려고 다시 놀이터로 갔다. 잠시 후에 큰아이의 소리가 들려왔다.

"정우야, 빨리 들어가자. 형아 추워."

몇 번 소리를 지르더니 큰아이가 짜증 난 얼굴로 벤치로 돌아왔다.

"엄마, 정우 집에 안 간대."

"그래? 그럼, 조금만 더 있다가 갈까?"

"싫어!"

"그럼, 어떡하지?"

"난 정우가 진짜 싫어!"

"넌 추운데 정우가 집에 안 간다고 해서 정우가 미운 모양이구나."

'오늘은 정말 잘해 봐야지' 하고 다짐을 하면서 말했다.

"응! 난 정우가 정말 미워. 내 말은 듣지도 않고 항상 떼만 써."

"응, 그랬구나."

"나 정우 없이 엄마하고 아빠하고만 살았으면 좋겠어."

큰아이의 말에 큰 충격을 받은 엄마는 즉시 끼어들어 충고하고픈 생각이 들었다. 하지만 시험에 빠지지 않기 위해 마음을 다잡았다.

"너 정우 때문에 정말 속상한 일이 많은가 보구나."

"그럼! 정우는 내 말도 안 듣고, 내가 숙제할 때 방해만 하고, 내 장난감도 못쓰게 만들어 놓고, 내가 혼내면 울어 버려. (이때 아이가 울 먹이기 시작했다) 엄마 들으라고."

"상우가 정우 혼낼 때 엄마가 네 말 들어 보지도 않고 정우만 달래 주니까 많이 억울했구나."

"그럼, 엄만 항상 정우 편만 들잖아."

"상우가 엄마 때문에 많이 서운했구나."

"응! 정우는 자기가 잘못해 놓고 내가 혼내면 항상 울기만 하고, 엄마 아빠한테 잘 보이려고 귀여운 척해. 그래서 정우 싫어."

"정우가 일부러 귀여운 척하는 것 같아 더 얄미웠구나."

"그럼! 얼마나 얄밉다고……, 정우는 귀엽지도 않아."

"(아이의 손을 꼭 잡으며) 그런데 엄마가 상우보다 정우를 더 예뻐하는 것 같아 네가 무척 섭섭했겠구나."

"(눈물을 막 흘리면서) 그래!"

"그렇구나! 엄마 마음은 그렇지 않았는데, 동생을 더 예뻐한다고 생각했다니 엄마도 무척 당황스럽네."

"그럼, 엄마! 나도 정우만큼 예뻐?"

"정우만큼이 아니라 너만큼 정우를 예뻐하는 거야! 넌 아빠 엄마의 첫 번째 사랑인걸!"

"그래요?"

아이는 눈을 내리깔고 뭔가를 한참 생각하는 모양이었다. 아이가 생각하는 모습을 보며, 엄마도 그동안 큰아이가 받았을 마음의 상처를 생각하니 마음이 무척 아팠다. 그리고 오늘은 반영적 경청을 제대로 하고 있는 것 같아 흐뭇하기도 했다. 이렇게 아들과 엄마가 잠시 생각에 잠겼을 때 아이가 먼저 말을 꺼냈다.

"엄마, 나 정우를 사랑해 줘야겠어!"

"응? 그래?"

“정우도 살려고 태어났는데, 가족들이 다 예뻐해 줘야지.”

“이야, 상우가 그런 생각을 했어!”

“그럼, 원래 애들은 어릴 때 말 안 듣잖아. 정우도 나처럼 형아 되면 말 잘 듣겠지 뭐. 그동안은 내가 좀 참아야겠다.”

“우리 상우가 정우 때문에 많이 힘들었을 텐데. 그렇게 생각해 주니 엄만 정말 네가 대견스럽구나. (엄지손가락을 흔들면서) 역시 엄마 아들이야!”

큰아이는 해맑게 웃음을 짓더니 다시 놀이터로 달려가면서 소리쳤다.

“정우야, 형아랑 놀자!”

반영적 경청의 효과가 바로 이런 것이구나. 엄마의 입가에서 환한 미소가 저절로 피어났다. 엄마는 아이의 대견스런 모습과 자신에 대한 만족감으로 무척이나 뿌듯했다. 앞으로 또 어떠한 문제로 아이와 부딪힐지 모르지만 몇 번의 성공 경험이 앞으로 있을 난관을 헤쳐 나가는데 큰 도움이 되리라 믿었다.

그리고 작은 경험들이 쌓여 아이들의 성품이 바뀌고, 나아가 가족들의 운명도 행복하게 바뀌리라 기대하며 엄마는 반영적 경청을 계속하리라 마음속으로 다짐했다.


반영적 경청의 효과를 실감하게 하는 사례다. 반영적 경청의 효과 중 가장 중요한 것이 감정의 홍수를 조절해서 이성을 찾게 해 주는 것이다. 다시 말하면 감정이 정화되는 것이다. ‘카타르시스’ 라고 할 수 있겠다.

감정이 정화되면 정서적으로 안정되고 EQ가 높아진다. 부모가 수용하고 공감하면서 자녀의 말을 잘 들어 주면 서로 친밀한 관계가 될 것이고, 이해받은 자녀는 솔직하게 문제를 터놓고 말할 것이다. 숨기지 않고 말하다 보면 문제의 본질에 접근할 수 있고, 해결책을 찾기가 쉬워질 수 있다. 이러한 방법을 생활화한다면 자녀는 자신을 믿고 스스로 문제를 해결하는 능력 있는 사람으로 성장할 것이다.

# 3

# 현명한
# 엄마가 되는
# 대화술

아이를 키우다 보면 자녀들의 못마땅한 행동 때문에 속이 상하고 화가 날 때가 많다. 자녀의 행동을 수용할 수 없다고 느낄 때 그것을 적절히 표현할 수만 있다면 얼마나 좋을까?

서로 자존감을 손상시키지 않고 좋은 관계를 유지하면서 자녀의 행동을 변화시킬 방법이 있는데 바로 '나-전달법(I-message)'이다.

자녀와 소통이 원만하지 않은 이유는 부모가 자녀에게 '너-전달법(You-message)'을 사용해 왔기 때문이다.

이 장에서는 '나-전달법'에 대해 살펴보도록 하자.

# 01

# '나-전달법'이란
# 무엇인가?

## '나-전달법'과
## '너-전달법'

의사소통 기술로서 사용할 수 있는 '나-전달법(I-message)'은 지금까지 부적절하게 사용해 온 '너-전달법(You-message)'과 어떻게 다른지 살펴보는 것이 중요하다.

'나-전달법'은 말의 주어가 '나'다. 예를 들면, "내가 피곤하단다" "나는 쉬고 싶단다"와 같이 말하는 것이다. 구어체에서 주어를 생략하고 말할 때 내가 한 말에서 가장 중요한 의미가 '나'를 지칭하면, 즉 의미상의 주어가 '나'일 때 '나-전달법'이라고 할 수 있다.

우리말은 대화체에서 주어를 생략하는 경우가 많다. 예를 들면, "오늘은 일도 많이 하고 힘들어서 저녁에 일찍 자고 싶어" "저녁 시간이 늦어지면 쉴 수 있는 시간이 줄어드니까 속상해" 등과 같이 말한 경우, 자고 싶은 사람이나 속상한 사람이 '나' 자신이므로 '나-전달법’이라고 할 수 있다.

한편, ‘너-전달법’은 내가 하는 말의 주어가 ‘너’다. 예를 들면, “너 조용히 해라”“너 그러면 안 돼” 등으로 말하는 것이고, 이 경우에도 주어를 생략하고 말하는 대화체에서는 가장 중요한 의미가 ‘너’를 가리키면 ‘너-전달법’이 된다.

예를 들면, “왜 이렇게 시끄럽니? 조용히 좀 해”“그런 행동을 하면 나쁜 애란다. 시키는 대로 하렴” 등과 같이 말하는 경우 조용히 해야 할 사람이나 시키는 대로 해야 할 사람이 ‘너’이므로 ‘너-전달법’이라고 할 수 있다.

이상으로 ‘나-전달법’과 ‘너-전달법’의 차이를 간략하게 설명했는데, 예를 들어 다시 짚어 보자. 복잡한 장소에서 실수로 옆 사람의 발을 밟았을 때 밟힌 사람이 “아야, 아파라”“어머, 내 발” 등으로 말하면 ‘나-전달법’이고, “발 치워”“왜 밟아요!”“조심하세요” 등으로 말하면 ‘너-전달법’이다.

여기서 실수로 남의 발을 밟은 입장이 되어서 ‘나-전달법’과 ‘너-전달법’을 비교해 보자. 상대방이 ‘나-전달법’으로 말하면 아마 미안한 마음이 생기고 얼른 발을 치워 주고 싶을 것이며 나의 실수를 인정하고 사과하고 싶어질 것이다. 그러나 상대방이 ‘너-전달법’으로 말하면 기분이 상해 변명(방어 수단)하거나 반항(공격)하고 싶어질 것이며, 진심으로 사과하고 싶은 마음이 들지 않을 것이다.

한 가지 예를 더 들어 보자.

피곤한 상태로 퇴근하고 집에 와서 조용히 쉬고 싶은데 자녀가 같이 놀자고 매달릴 때 당신은 어떤 반응을 보이는가?

"피곤해" "쉬고 싶어" "지금 놀아 줄 힘이 없는걸" 등으로 말하면 '나-전달법'이고, "왜 귀찮게 하니" "혼자서 놀아라" "저리 가" 등으로 말하면 '너-전달법'이다.

'나-전달법'으로 말하면 자녀는 아빠의 상황을 이해하게 되어 아빠를 도와주고 싶은 마음이 생기고(평소 관계가 나쁠 때는 그렇지 않을 수도 있다) 아마 "알았어, 아빠" "아빠 쉬고 나서 놀아 줘" "그럼 나 혼자 놀게" 등으로 자신의 행동을 스스로 선택하고 아빠를 도와주었다는 만족감도 느낄 수 있을 것이다. 반면에 '너-전달법'으로 말하면 자녀는 아빠의 상황을 이해할 수 없을 뿐만 아니라 거부당한 느낌이 들어 위축되고 자신이 아빠에게 사랑받지 못하는 존재, 가치 없는 존재라는 생각이 들어 자존감을 손상받게 된다.

인간은 감정의 동물이다. 그래서 순간순간 자신의 감정을 어떻게 다루느냐에 따라 문제가 전혀 달라질 수 있다. '나-전달법'은 내게 문제가 있다는 것을 표현할 뿐 네 탓이라는 느낌을 주지 않는다. 그러므로 원인 행동을 제공한 사람은 방어나 공격의 필요성을 느끼지 않고 상대방을 도와줄 수 있는 입장이 되어서 자신의 행동을 돌아보게 된다. 그런가 하면 '너-전달법'은 '네가 잘못했다' '네가 문제다' '네 탓이야'라는 느낌을 전달하기 때문에 원인 행동을 제공한 사람은 위협을 느끼고, 자신을 보호하고자 하는 본능으로 방어적인 자세를 취하게 된다. 물론 이런 상태에서는 자신의 행동을 돌아보고 반성할 여유를 갖기 힘들다.

고든의 부모역할훈련 프로그램에서는 '나-전달법'을 효과적으로 활용하기 위해서는 세 가지 요소를 갖추어야 한다고 말한다.


1. 수용할 수 없다고 느끼는 행동은 무엇인가?

2. 그 행동은 당신(부모)에게 어떤 영향을 끼치는가?

3. 당신은 그 행동이나 영향으로 인해 어떤 느낌을 받는가?


"내가 신문을 읽고 있는데 네가 신문을 흔들면(행동) 어디까지 읽었는지 다시 찾아야 되고 빨리 읽을 수 없어서(영향) 답답하다(느낌)."

"네가 침대에서 뛰면(행동) 침대가 망가지고 먼지도 나니까(영향) 싫어(느낌)."

"옷을 벗어 방바닥에 그대로 두면(행동) 내가 치워야 되니까 힘들고(영향) 속상해(느낌)."

이 세 가지 요소를 갖추어서 '나-전달법'을 사용한 예를 알아보았다. 이때 주의할 점이 있다.

첫 번째 요소인 행동을 말할 때는 비난, 비평 없이 말해야 하고, 또 말하는 사람이 주관적으로 해석해서 말하지 않고 '있는 그대로의 사실'만을 말해야 상대방이 거부감 없이 받아들일 수 있다. 예를 들면, "내가 말을 하는데 내 말을 듣지 않으면 속상해"라고 말하는 것과 "내가 말을 하는데 '버릇없이' 내 말을 듣지 않으면 속상해"라고 말하는 것은 차이가 있다.

두 번째 요소인 영향을 말할 때는 나에게 미치는 구체적인 영향 즉 시간, 노력, 돈을 쓰게 하거나 신체적·정신적 손실을 입게 된 것을 찾아서 말한다. 자녀가 자신의 행동이 부모에게 문제가 된다는 것을 알면 스스로 행동을 바꾸려는 마음이 생길 것이다.

세 번째 요소인 느낌(감정)을 표현할 때는 진실하고 정직한 감정을 찾아서 말한다. 그렇게 할 때 두 번째 요소인 영향이 더욱더 강화되어서 효과적인 '나-전달법'이 될 수 있다.

## 엄마가 하는 말을
## 유심히 듣는 아이들

### 엄마 말을 잘 듣지 않는 아이

초등학교 4학년 딸과 3학년 아들이 있는 주부 박씨는 요즘 아들 때문에 속상한 일이 많았다. 4학년 딸아이는 공부도 잘하고 착하고 엄마 말도 잘 듣는 모범생인 데 반해 아들은 숙제도 안 하려 들고 하면서도 툴툴거리고 엄마가 잘못했다고 야단치면 반항하곤 했다. 이런 여러 문제에 부딪히면서 아들을 어떻게 가르칠까 고민하다가 박씨는 부모역할훈련 프로그램에 참가하게 되었다.

그러던 어느 날 외출 후 집으로 돌아왔더니 현관에 아들의 신발 여러 켤레가 나와 있었다. 예전 같으면 "안 신는 신발 좀 집어넣어" "왜 신지도 않는 신발을 이렇게 늘어놓았니" "너 또 이렇게 어질러 났구나" 등으로 말했을 것이다. 그런데 그날은 현관에 있는 신발들을 보면서 잠깐 생각을 정리해서 다음과 같이 말했다.

"현관에 네 신발이 여러 켤레 있으니까 엄마 신발 벗을 자리가 없어."

이렇게 말한 후 아들을 살폈더니 얼른 현관으로 나왔다.

"알았어요, 엄마."

그러더니 자기 신발을 정리하고 안 신는 신발을 신발장에 집어넣었다. 화가 나 있지도 않았고 엄마한테 저항하는 눈빛도 아니었다. 박씨는 아이의 행동을 보면서 기분이 좋았다.

역시 그날 있었던 일이다. 아이가 여러 가지 물건들을 거실에 펼쳐 놓고 놀고 있었다. 예전 같으면 "치울 건 치우고 놀아라" "왜 이렇게 여러 가지 펼쳐 놓았니" 하고 잘못된 행동을 지적하고 고치도록 얘기했을 것이다. 하지만 그날은 이렇게 말했다.

"거실에 여러 가지 물건이 펼쳐져 있으니까 엄마가 왔다 갔다 하기가 불편해. 엄마가 다니다가 밟을까 봐 염려된단다."

"알았어요, 엄마."

아이는 몇 가지를 치우면서 엄마가 다닐 수 있는 길을 내주고 펼쳐 놓았던 물건들을 자기 앞으로 모았다.

"네가 이렇게 치워 주니까 참 좋구나."

엄마는 아들에게 기분 좋은 마음을 전달했다. 그날 저녁 식사 시간이었다. 예전에 아들은 늘 밥을 차려 놓아도 빨리 와서 먹으려 하지 않고 몇 번씩 불러야 오곤 했다. 그날도 "밥 먹자"라고 말했는데 여느 때처럼 식탁으로 오지 않았다. 박씨는 '다그치거나 강요하지 않고 말해야겠다'고 생각하고 이렇게 정리해서 말했다.

"엄마는 다 같이 밥 먹고 싶어. 밥 먹고 설거지 빨리 끝내고 다른 일을 하고 싶거든."

이렇게 말했더니 아이가 하던 행동을 멈추고는 대답했다.

"알았어, 엄마. 밥 먹을게요."

엄마는 아이가 밥을 맛있게 먹는 모습을 보면서 '나-전달법'이 잘 통하는구나 하는 생각을 했다.

그날의 성공은 거기서 끝난 게 아니라 잠자리에 들기 전까지 계속되었다. 아들이 꽤 늦은 밤까지 숙제를 하고 책을 챙기면서 일찍 잠잘 생각을 하지 않았다. 평소 같았으면 "너 또 늦게까지 숙제하는구나" "왜 일찍일찍 숙제를 안 하고 이렇게 항상 엄마 속 썩이고 있어"라고 말할 만한 상황이었는데, 그날은 '나-전달법'으로 이야기할 수 있었다.

"숙제가 늦어지니까 잠자는 시간이 늦어져서 엄마도 속상해. 늦게 자면 아침에 일어나기 힘들고 깨우기도 힘들거든. 또 엄마는 아침에 할 일 많은데 너 깨우느라고 아침부터 힘이 빠져."

아이는 엄마 말을 가만히 듣다가 이렇게 말했다.

"엄마, 다음부터는 내가 잘못할 때 오늘처럼 얘기해 주세요. 내가 잘못할 때 전에는 엄마가 항상 야단쳤잖아요. 그런데 오늘은 엄마가 야단 안 치고, 이렇게 얘기하니까 기분이 하나도 안 나빠요.”

아이의 말에 박씨는 너무나 놀랐다. ‘아하, 내가 오늘 한 말들을 애가 유심히 들었구나. 오늘 내가 실천을 잘했나 보다’라고 생각하고 있을 때 갑자기 아들이 하던 일을 멈추고 일어나서 엄마를 덥석 끌어안았다.

“엄마! 난 이럴 때 엄마가 너무너무 좋아요!”

박씨는 그 순간 큰 행복감에 젖었다. 예전에는 아이와 좋은 관계를 만들어야겠다는 생각에 아들을 끌어안고 “엄마는 우리 아들을 사랑해”라고 하면, 아들은 엄마를 밀어내면서 “난 엄마 안 사랑해” “엄마가 나 안아 줘도 싫어”라고 말하곤 했으니까.


앞의 사례는 아들의 행동을 수용할 수 없다고 느낄 때마다 어머니가 3요소가 갖추어진 ‘나-전달법’을 착실하게 활용해 그때마다 효과를 본 경우다.

‘나-전달법’의 3요소 중에서 나에게 미치는 영향을 찾아서 말하면 설득력이 생긴다.

-엄마가 다니다가 밟을까 봐

-설거지 끝내고 다른 일을 하고 싶어서

-아침에 할 일이 많은데 깨우느라 힘 빠져서 등은 아이의 행동이 엄마에게 영향을 미치는 구체적인 내용이다. 설득력 있는 말을 하면 아이는 행동을 수정하고 다른 사람을 배려하는 마음도 키우게 된다.

## 어지럽히고 치우지 않는 아이

일곱 살, 다섯 살 남매를 둔 주부 정씨는 자아가 강한 두 아이를 어떻게 지도하여 바른길로 이끌어 줄 것인지 나름대로 퍽 고심해 왔다. 부모의 권위로 제압하려 하면 아이들은 어린 나이에도 자기주장을 하며 반항하곤 했다. 아이들의 행동을 수용할 수 없을 때는 "안 할 수 없니?" "그만두지 못하겠어?" "당장 치워" "빨리빨리 해" 같은 말을 하며 윽박지르기 일쑤였다. 그러면 아이들은 "엄마 마음만 있고 우리들 마음은 없나 뭐? 엄만 엄마 마음대로 해. 우린 우리 맘대로 할 거야"라고 대든다. 그러면 더 야단을 치게 된다. 아이들은 뒤돌아서면 곧 잊어버리지만 정씨는 늘 마음에 남아 괴로웠다.

정씨가 '나—전달법'을 배우고 돌아온 날이었다. 유난히 덥고 짜증이 나는 날이었는데 집에 들어서니 집안 꼴이 말 그대로 가관이었다. 거실, 주방, 아이들 방 할 것 없이 발 디딜 틈도 없이 엉망으로 어질러져 있었다.

정씨가 들어서자마자 동네 꼬마들은 눈치를 살피며 꽁무니를 뺐고 남매만 겁에 질린 표정으로 서 있었다. 막상 그날 받은 교육을 어떻게 응용해야 할지 막막했지만 감정부터 정리하기로 했다. "아휴, 아휴, 이걸 어떻게 하나?"라고 말하고는 마음을 가라앉히고자 샤워부터 했다.

아이들에게 할 말을 정리하면서 샤워를 마치고 나와 보니 기대 밖의 풍경이 펼쳐져 있었다. 큰아이가 어지럽게 널려 있던 장난감과 책들을 이미 어느 정도 치워 놓았을 뿐만 아니라 계속 부지런히 치우고 있었다. 그 순간 저절로 감탄사가 튀어나왔다.

"우와, 세상에. 우리 유진이가 이렇게 집 안을 치워 주니까 너무 기분이 좋다."

엄마의 말을 듣고 유진이의 긴장했던 얼굴이 활짝 핀 꽃처럼 밝아졌다. 옆에 있던 작은아이도 "나도 장난감 치울 수 있는데, 누나보다 더 잘할 수 있는데"라고 하는 것이었다.

"그렇구나. 재민이도 잘할 수 있구나. 엄마가 그걸 몰랐네" 하니까 둘 다 기분이 좋아져서 자기들이 어지럽혀 놓은 집 안을 말끔히 정리했다.


위의 사례는 '나―전달법'의 3요소 가운데 '감정 표현'을 먼저 한 경우다. '나―전달법'으로 감정 표현을 하고 시간적 여유를 갖게 한 덕분에 자녀는 자신의 행동을 바라볼 수 있었고 스스로 바람직한 행동을 선택했다.

"아휴, 이걸 어떻게 해"라고 감정을 표현하고 화장실에 들어간 것이 결과적으로 바람직한 행동을 하도록 아이들을 도와준 셈이다.

'너―전달법'을 주로 사용해 온 대부분 부모들에게 갑자기 '나―전달법'으로 바꾸어서 사용하라고 하면 마치 오른손잡이에게 왼손을 쓰라고 하는 것처럼 불편하고 어색할지도 모른다. 그리고 새로운 방법에 익숙해지는 것은 힘들고 어려운 일일 수도 있다. 하지만 진정한 권위는 상대방 위에 군림함으로써 얻을 수 있는 것이 아니라 상대방에게 인정받음으로써 얻는 것임을 깨닫는다면 '나―전달법'의 가치를 더욱 소중히 여기게 될 것이다.

부모들이 자녀의 행동을 수용할 수 없을 때 '나―전달법'을 사용하는 것이 얼마나 효과적인지 알아보았다. 그렇다고 해서 '나―전달법'이 만병통치약이 될 수는 없다. 기본적으로 신뢰할 수 없는 관계이거나 어느 한쪽, 혹은 양쪽의 욕구가 강하거나 가치관 자체가 다른 문제 등에서는 '나―전달법'으로 효과를 거두기 어렵다. 또 '너―전달법'을 전면적으로 부정하는 것이 아니라는 점에도 유의하면 좋겠다.

## 아이가 스스로 해낼 때까지 기다려 주자

### 정리정돈을 하지 않는 아이

"엄마! 전에는 왜 그렇게 얘기 안 했어?"

"그렇게 얘기했으면 내가 좀 더 일찍 잘했을 거 아냐?"

아들아이가 이렇게 말한 배경은 다음과 같다.

유치원에 다니는 일곱 살 아들은 서랍에 넣어 둔 옷을 꺼내 입을 때마다 옷들을 헝클어 놓고 서랍을 닫지 않은 채 그냥 두곤 했다. 그때마다 엄마는 옷을 다시 가지런히 개서 정리해 두고 서랍을 닫아야 했다. 그럴 때마다 엄마는 아들에게 이렇게 말했다.

"너 옷 이렇게 헝클어 놓을래?"

"옷 꺼내고 좀 바로 정리해라."

"서랍을 안 닫으면 어떡해?"

"옷을 꺼냈으면 서랍을 닫아 둬야지."

때론 말하기도 귀찮고 크면 잘하겠지 하는 생각으로 내버려 두기도 했다. 그렇게 지내 오다가 부모역할훈련 프로그램에서 공부한 다음 엄마는 말하는 방법을 바꿨다.

"민수야, 서랍이 열려 있으면 다른 사람이 지나가다 부딪혀서 다칠까 봐 걱정되네. 그리고 옷이 헝클어져 있으면 다음에 꺼낼 때 다른 옷을 찾기가 불편해. 그래서 민수가 옷을 꺼내고 나면 엄마가 옷장 정리를 다시 해야 되니까 엄마 일이 두 배로 많아져."

말을 들은 아이는 그 이후 옷을 꺼낼 때 옷을 헝클지도 않고 서랍도 꼬박꼬박 잘 닫았다. 이를 본 엄마는 '아하! 아이 행동이 고쳐지지 않은 이유가 내가 전달을 제대로 못한 탓이구나' 하고 깨닫게 되었다.


아이의 내면에 숨어 있는 능력을 과소평가하고, 그 능력을 키울 기회를 놓치는 것은 불행한 일이다. 스스로 할 수 있는 일을 할 수 있게 해 주는 것도 부모의 지혜다.

자녀를 키울 때 엄마들이 놓치기 쉬운 것 중 하나가 아이도 생각하며 자란다는 사실이다. 엄마의 생각이 있듯 그것을 받아들이는 아이에게도 생각이 있다. 무작정 "왜 안 했느냐"고 다그치거나 "다음부터 그러면 안 돼"라고 하면서 엄마가 곧장 뒤치다꺼리를 해 주는 것은 아이 스스로 연습할 기회를 빼앗는 것이다.

"우리 동주가 얼마나 잘하나 볼까?" 하고 아이가 스스로 해낼 때까지 기다려 주는 인내야말로 부모가 지녀야 할 지혜다. 아이들이 스스로 해냈을 때의 만족감, 또 인정받았을 때의 자신감을 느끼도록 해 주자.

## 엄마가 먼저 개방하자

### 엄마와 대화하지 않는 아이

윤아 엄마는 딸아이와 대화하기가 힘들다. 직장에 다니느라 바쁜 엄마는 저녁 시간에 아이와 대화를 하고 싶지만 초등학교 4학년이 된 아이는 요즘 엄마와 이야기하기를 귀찮아하고 말문을 닫아 버리기 일쑤다. 엄마는 형제 없이 혼자인 윤아가 늘 걱정스러웠다. 엄마와 얘기하지 않는 아이의 속이 얼마나 답답할까 싶기도 하고, 아이의 학교생활이 궁금하기도 했다. 그래서 "윤아야, 학교에서 무슨 일 없었니?"라고 물으면, "아무 일 없었어요"라고 대답하고, "윤아야, 엄마한테 할 말 없니?"라고 하면 "할 말 없어요"라고 말하고 더 이상 말하기를 싫어한다. 엄마가 "무슨 말이든 좀 해 봐" 하면 귀찮게 하지 말라고 짜증을 낸다.

엄마는 아이와 대화를 원활하게 하기 위해 자신의 문제점을 찾아보고 변화를 시도했다. 엄마는 조급한 마음으로 아이에게 캐묻듯이 말을 시키려고 한 것이 문제였음을 알게 되었다. 엄마가 물어봐서 아이가 대답하면 엄마는 또 나름대로 분석해서 아이에게 잘못을 지적하고 고쳐야 할 점을 알려 주곤 했었다. 지금까지 이런 식의 대화를 하면서 아이는 점점 자기 속마음을 드러내는 것에 부담을 느끼게 된 것이다. 말을 하면 엄마의 잔소리(아이 입장에서)를 들어야 했기에 차츰 말수를 줄였고, 요즘은 꼭 필요한 말만 엄마에게 하게 된 것이다.

원인을 파악한 엄마는 저녁 시간에 아이와 대화를 시도할 때 질문 대신 먼저 자기 이야기를 했다. 그날 있었던 일을 이야기하고 자신의 생각과 마음을 아이에게 털어놓았다. "오늘 누구를 만났다" "오늘 어디서 무엇을 보았다" "무슨 음식을 맛있게 먹었다" "식사 준비를 하면서 어떤 일을 생각했다" "신문에서 무슨 기사를 읽었다" "이번 주말에는 무엇을 할까 생각했다" 등 지금까지 아이에게 말할 거리라고 생각하지 않았던 사소한 것들을 말했다. 아이에게서 뭔가를 알아내려고 하지 않고 자신의 이야기를 하자 어느새 아이가 변화한 모습을 보이기 시작했다.

엄마 말을 한동안 듣기만 하던 아이가 어느 날부터 자기 이야기를 하기 시작했다. "엄마, 오늘 이런 일이 있었어요" "친구랑 이런 이야기를 했어요" "나는 누구누구가 좋아요" "오늘 속상한 일이 있었어요" "나는 더 예뻐지고 싶어요" 같은 엄마가 궁금해서 물어볼 때는 하지 않던 많은 이야기들을 했다. 엄마는 아이 말을 끝까지 들어 주고 엄마 마음대로 판단하고 진단하는 것을 자제하려고 노력했다. 몇 주가 지나면서 모녀간의 저녁 대화는 물이 올랐다. 이로 인해 서로 더 많이 이해하는 관계가 되었다. 엄마가 지금껏 꿈꿔 온 일이었다.

엄마가 의도를 갖고 아이에게 접근하면 오히려 아이는 회피하려고 할 때가 많다. 엄마가 조급한 마음을 버리고 먼저 자기 이야기를 하니까 아이도 편한 마음으로 엄마가 하는 것처럼 자신을 개방하게 된 것이다.

## 아이 마음에
## 생각의 씨앗을 뿌리자

### 엄마의 변화로 혼란을 느끼는 아이

엄마는 항상 친절하게 아이를 대했다. 유치원에 다니는 일곱 살 아이는 착하고 엄마가 시키는 대로 잘 따랐고, 적어도 모자간에 겉으로 드러난 문제는 없었다. 엄마는 더 좋은 부모가 되기 위해서 공부를 시작했고, 자신의 양육 방식에 문제가 있음을 깨닫기 시작했다. 그래서 지금까지 아이에게 친절하게 안내하고 지시하고 해결책을 제공해 주던 습관들을 바꿔 나갔다. 예를 들면, 예전에는 아이에게 이런 식으로 말했다.

“정민아, 이제 손 씻고 와서 밥 먹어라.”

“정민아, 양치질해야지.”

“이제 잘 시간이다. 그래야 내일 아침에 일찍 일어나지.”

“정민아, TV는 이 프로만 보고 그만 봐야 돼.”

그러면 대개 아이는 고분고분 말을 잘 들었다. 그렇게 해 오다가 어느 날부터 엄마는 다르게 말했다.

“정민아, 밥 준비 다 됐다.”

“정민아, 양치질할 시간이네.”

“정민아, 아침에 늦게 일어나면 엄마가 깨우기 힘들단다.”

“정민아, 재밌나 보구나. 그런데 TV 오래 보면 엄마는 싫어.”

되도록 아이가 자신의 행동을 결정할 수 있도록 지시하거나 명령하지 않았고, 아이의 마음을 알아주려고 노력했다. 아이의 행동을 통제하려고 하는 대신 아이가 스스로 통제할 수 있도록 도우려고 했다. 그랬더니 어느 날 아이가 엄마에게 이렇게 말했다.

“엄마, 그렇게 말하면 내 머리가 복잡해. 전같이 ‘이거 해라 저거 해라’ 하면 내가 편하잖아.”

아이의 말을 듣는 순간 엄마는 혼란스러웠다. 기껏 좋은 엄마가 되려고 노력했는데 아이가 좋아해야지 왜 싫어할까 하는 생각이 들었다. 그리고 다시 곰곰이 생각해 보니 아이 입장이 이해가 되었다. 엄마가 아이에게 답을 제시하면 아이는 시키는 대로 따르기만 하면 되니까 편했을 것이다. 그런데 스스로 답을 생각해 보고 찾도록 했으니 당연히 머리가 복잡했겠지. 생각이 여기에 미치자 엄마는 자신감이 생겼다. 머리가 복잡하다는 것은 머리를 많이 쓴다는 뜻이니 그러다 보면 자연스레 자율성과 창의성도 길러질 것이다. 아이가 쉽고 편한 것에 길들여져서 스스로 생각하고 결정하는 일에 미숙하다면 어떻게 될까? 엄마는 아이에게 말했다.

"엄마가 갑자기 너한테 생각을 많이 하게 해서 힘들었겠구나."

변화를 시도하고자 하는 엄마 못지않게 변화된 환경을 수용해야 하는 아이에게도 새로운 환경은 부담스럽고 불편하다. 지금까지 경험한 행동의 틀에 겨우 적응했는데 새롭게 다시 적응하라는 것은 아이에게 큰 부담으로 다가오기 때문이다. 아직 만 6세가 되지 않은 정민이도 이미 경험한 자신의 방식이 있다. 어느 날 갑자기 엄마가 너무 변하면 아이는 감당하기 힘들어진다.

그렇다고 처음 시작할 때의 의지를 쉽게 꺾지 말자. 오히려 일관성 없는 엄마의 태도에 아이가 혼란을 느낄 수 있다. 처음에는 낯설고 힘들게 받아들일지 몰라도 엄마가 하나둘 씨앗을 뿌려 준다면 아이는 그 씨앗으로 자신만의 싹을 틔울 것이다. 단, 아이가 행동의 싹을 틔울 때쯤 열매를 요구하지 말자.

좋은 엄마가 되고 싶은 마음도 지나치면 아이에게 욕심으로 비칠 수 있다. 아무리 좋은 방법이라 해도 아이가 그것에 적응하려면 시간이 필요하다. 중간중간 아이의 반응과 생각을 대화를 통해 확인하고, 불편함을 풀어 나가는 과정을 거친다면 분명 아이와의 관계가 조금씩 좋아질 것이다.

## 아이는
## 엄마 하기 나름

### 책상 정리를 하지 않는 아이

초등학교 2학년인 성우는 아침에 학교에 등교하기 전에 책상 정리를 하기 싫어한다. 엄마는 책상 위에 책들을 펼쳐 둔 채 나오는 아이를 붙들어서 정리를 시키고 학교에 보내곤 했다. 그러면서 "책상 정리하고 가야지" "성우야, 빨리 들어가서 책상 정리하고 나와" "너 오늘도 정리 안 하고 나왔네"라고 말했다. 기분이 안 좋을 때는 더욱 강하게 "엄마가 꼭 얘기해야 되니?" "너 언제쯤 제대로 할 거야" 같은 말로 아이를 질책하곤 했다. 그러면 아이는 어쩔 수 없이 방으로 들어가 마지못해 책을 꽂아 두고 퉁퉁 부은 얼굴로 집을 나가곤 했다. 그렇게 아침부터 아이와 엄마 모두 불쾌한 감정에 빠지는 일이 잦았다.

엄마는 부모역할훈련 프로그램에서 공부한 대로 적용해 보리라 마음먹었다. 아이는 그날도 책상에 책들을 펼쳐 둔 채 현관으로 나오고 있었다. 엄마는 이렇게 말했다.

"성우야, 책상 위를 보니까 엄마 가슴이 꽉 막히네."

"알았어, 엄마."

그러고는 밝은 표정으로 얼른 방으로 들어가서 주섬주섬 집어서 책꽂이에 꽂아 두고 나오는 아이를 보고 또 이렇게 말했다.

"이제 엄마 가슴이 뻥 뚫렸다."

그러자 아이가 "엄마, 내일부터는 엄마가 말하기 전에 할게요"라고 말하는 게 아닌가. 아침에 기분 좋게 나가는 아이의 모습을 보면서 가슴이 뻥 뚫리는 시원한 기분을 만끽할 수 있었다.

"아이는 정말 엄마 하기 나름이구나!"


아침 시간에는 아이도 부모도 바쁘다. 등교하기 전에 해야 할 일에 대한 기준은 부모마다 차이가 있다. 정리 정돈 습관을 중요하게 생각하는 부모는 책상 위가 깨끗하지 않으면 그냥 두고 볼 수 없다. 그런가 하면 바쁜 아침 시간에 책상 정리를 꼭 할 필요가 있겠느냐고 생각하는 부모도 있다. 청결한 것은 불결한 것보다 분명히 좋다. 그런데 청결과 불결의 기준은 사람마다 다르고, 청결함도 지나치면 결벽증이 될 수 있다. 가끔 자신의 기준을 객관적으로 점검해 볼 필요가 있다.

**02**

# 상대의 기준으로
# 생각하라

## 컴퓨터에 매달려 있는 아이

필자가 강사 생활 초기에 경험한 일이다. 아들이 중 3이었고, 여러 면에서 모범적인 학생이었다. 엄마로서 잔소리할 일도 거의 없고, 관계도 좋다고 생각했다. 가끔 저녁 시간에 컴퓨터 앞에 앉으면 시간이 가는 줄 모르는 게 불만이라면 불만이었다. 컴퓨터가 아들 방에 있지 않고 서재에 있었기 때문에 거실에서도 아들이 컴퓨터 앞에 있는 것을 알 수 있었다. 그날 저녁에도 아들은 늦은 시간까지 서재에 있었다. 서재에서 나오기를 기다리다가 더는 기다릴 수 없어서 아들에게 말했다. "엄마, 속상해"라는 말이 떨어지자마자 "알았어요, 엄마. 나가요" 그러더니 즉각 환한 얼굴로 그 방을 나와 자기 방으로 들어가는 것이 아닌가. 어쩌면 내가 몇 번이나 말하고 싶었던 것을 참고 기다렸기 때문에, 시간이 상당히 흘러서 아들이 스스로 그만하려던 참이었을지도 모른다. 그렇긴 해도 신선한 경험이었다.

예전에 "이제 그만해라" "언제까지 할 거니?" 하고 말하면, 아들은 "알았어요" "곧 끝낼게요" "나가려고 했어요"라고 대답했지만 방에서 나오는 데 꽤 시간이 걸렸다. 그런데 '너―전달법'으로 말하던 것을 '나―전달법'으로 바꾼 결과 아들의 반응이 달라졌다.

필자는 이러한 경험을 여러 모임에서 소개했다. 그리고 다음 주에 '나―전달법'을 적용해 본 한 어머니가 "선생님은 되는데 나는 왜 안 돼요"라는 하소연으로 말을 시작하더니 고등학교 2학년 아들에게 "속상하다"고 말했다가 실패한 경험을 다음과 같이 털어놓았다.

## 자기 방에서 나오지 않는 아이

현규는 평소 집에 오면 자기 방에 들어가서 나오지 않는다. 엄마가 얘기라도 걸라치면 방문을 걸어 잠그기 일쑤고, 문 열라고 두드리면 안에서 발로 문을 걷어차거나 심지어는 물건을 문에 집어 던지기도 했다. 품 안의 자식이라는 말을 절감하면서 커 가는 아들을 이러지도 저러지도 못한 채 고민하던 참이었다.

중학교 다닐 때만 해도 엄마에게 순종하던 아들이었다. 엄마는 공부에 대한 욕심을 버리기가 어려워 밤낮없이 아들에게 공부하라고 닦달했고, 그 후부터 차츰 모자간에 거리가 생기면서 관계가 악화되기 시작했다. 그런데 고등학생이 되면서 아들을 다루기가 힘들어지기 시작하더니 근래에 와서 완전히 엄마의 통제권을 벗어나 버렸다. 그날도 학교에서 돌아온 아들은 방문을 잠그고 나오지 않았다. 엄마는 문 앞에서 노크하면서 "엄마 속상해"라고 간절한 어조로 말했다. 그러나 안에서는 아무 기척이 없었다. 엄마는 다시 한 번 "현규야, 엄마 정말 속상해"라고 했더니, 아들은 "엄마 속상한 게 나하고 무슨 상관이에요"라고 하는 것이었다. 저항하는 아들의 기세에 눌려 엄마는 더 이상 할 말을 못 찾고 방문 앞에서 물러날 수밖에 없었다고 했다.

부모에게 자식이 변화하기를 기다리라는 말은 어쩜 자식을 포기하라는 말처럼 들릴지도 모른다. 달래고 다그쳐서라도 바른길로 가도록 하고 싶은 어느 부모나 똑같다. 하지만 '첫술에 배부르랴'라는 속담이 있지 않은가! 아무리 시대가 빠르게 변한다고 해도 일을 해결해 나가는 이치는 그대로다.

위의 사례를 생각해 보자. 엄마가 예전에 "문 열어" "빨리 문 안 열어" "너 뭐하니" "대답 좀 해 봐" 등으로 말했을 때 아이는 문을 걷어차거나 문에 물건을 집어 던지는 행동으로 반응했었다. 그런데 이제 "엄마 속상해"라는 다른 방식으로 말한 결과 비록 "엄마 속상한 게 나하고 무슨 상관이에요"라는 무뚝뚝한 대답을 들었지만 어쨌든 말로 대꾸를 한 것은 한 단계 발전한 것이라고 할 수 있다.

장기간에 걸쳐 많이 손상된 모자 관계가 하루아침에, 한번에 회복될 수는 없다. 현규 엄마가 실패한 것이 아니라 관계를 회복해 가는 과정이라고 생각해야 한다.

## 칭찬도
## 걸림돌이 될 수 있다

많은 부모들이 자녀들의 잘못된 행동에 민감한 반응을 보이는 반면, 잘한 행동에는 별 반응을 보이지 않는다. 자녀의 행동이 바람직하게 느껴지거나 고마운 마음이 생길 때 기회를 놓치지 않고 부모의 긍정적인 감정을 드러내는 것이 중요하다.

이러한 방법이 부모와 자녀 관계에 어떻게 영향을 미치고 우리가 잘 알고 있는 칭찬하는 방법과 어떤 차이가 있는지 알아보도록 하자.

### 못하는데 잘한다고 칭찬받은 아이

유치원에 다니는 일곱 살 딸을 둔 주부 최씨가 다음과 같은 경험을 이야기했다.

딸아이가 피아노 학원에서 돌아와서 엄마에게 투덜거렸다.

“엄마, 우리 선생님은 참 이상해.”

“무슨 일인데?”

“나 오늘 피아노 잘못 쳤거든. 그런데 잘 친다고 하잖아. 잘못 치는 걸 왜 잘 친다고 그래? 그러면 거짓말이잖아.”

최씨는 내심 의아한 마음이 들었다. 칭찬받았으면 좋아할 일인데, 왜 저렇게 불평할까 싶었다. 칭찬해 줘도 불평하는 아이를 보며 참 까다롭기도 하다고 생각했지만 뭐라고 말하기가 어려워 그냥 불평을 들어 주었다.


그 후 최씨는 부모역할훈련 프로그램에 참가하게 되었고, 칭찬도 걸림돌이 될 수 있다는 사실을 알고서야 아이 마음이 이해되었다고 했다.

위의 사례에서 피아노 선생님이 잘 친다는 말 대신에 “오늘은 실력 발휘가 잘 안 되나 보다”라든지 “더 잘 치고 싶은데 마음대로 안 되지?”라고 했으면, 아이는 선생님이 자기 실력을 더 잘 알아준다고 생각했거나 선생님이 정직하다고 생각했을 것이다. 아이가 선생님에 대한 불평을 할 때 엄마가 그냥 들어 주기만 한 것도 좋지만 다음과 같이 말한다면 더 바람직할 것이다.

“선생님이 칭찬하시는 게 듣기 싫었구나” 또는 “선생님이 네 실력을 모르는 것 같아서 기분 나빴어?”라고 자녀의 마음을 짐작해서 읽어 주었다면 아이는 ‘엄마하고 잘 통한다’ 또는 ‘엄마는 내 마음을 잘 알아준다’고 생각했을 것이다.

　필자의 딸이 중학교 1,2학년 때 있었던 일이다. 이 일은 강사가 되기 전에 경험한 일이다. 딸아이가 중학생이 된 후 자신의 외모에 부쩍 관심을 갖는 것 같더니 가끔 "날씬해지고 싶다"거나 "코가 조금 더 높았으면 좋겠다"는 식으로 불만을 말하곤 했다. 그럴 때면 필자는 "통통한 게 훨씬 보기 좋다" "그 정도면 뚱뚱하지 않아" "난 비쩍 마른 사람은 싫더라" "넌 부잣집 맏며느릿감이야" 같은 말을 해 주었다. 코가 낮다고 불평할 때도 "그렇게 생긴 코가 복 코란다" "네 코는 낮지 않아. 예쁘게 잘생겼어" "코 큰 거 엄마는 보기 싫더라" 등으로 비교까지 하면서 한껏 칭찬을 해 줬다. 그런데도 딸아이는 기분 좋아하기는커녕 "엄마는 괜히 나 기분 좋으라고 그러는 거죠?" "엄마 기준은 필요 없어요. 내 기준으로 날씬하고 싶어요" "엄마는 자기 딸이라고 무조건 예쁘다고 하잖아. 엄마도 역시 고슴도치예요" 라고 말하면서 더 대화를 나누려 하지 않았다.

　엄마 입장에서 최선을 다해서 말했고, 거짓말한 것도 아니고, 평소에 생각하던 것을 솔직하게 이야기했는데도 딸이 예상 밖의 반응을 보이니 참 황당하고, 무슨 말을 해야 좋을지 몰라 난처했다.

　그 후에 엄마로서 잘했다고 생각했던 말들이 대화를 방해하는 걸림돌임을 알게 되었다. 진심으로 하는 칭찬이라도 상대방이 스스로 인정하지 않는 내용이거나 자신의 바람과 다른 경우에는 달갑지 않고 심리적으로 흔들리는 사춘기 자녀에게는 특히 걸림돌로 작용하게 되는 것이다.

위와 같은 상황에서 다음과 같이 말하면 어떨까?

"날씬해지고 싶구나?" "살 좀 빼고 싶은데 마음대로 안 돼서 속상하지?" "코가 좀 높았으면 좋겠다고?" "코가 낮다는 생각이 들었구나?" "더 예뻐지고 싶은 거지?" 등으로 딸의 마음을 알아주었다면 아마 훨씬 잘 통하는 모녀가 되어서 더 많은 이야기를 나눌 수 있었을 것이다.


## 칭찬보다 더 좋은 말도 있다 : 긍정적인 '나-전달법'

'사랑해'와 '사랑스러워'를 비교해 보자.

'사랑해'는 누구에게나 쓸 수 있는 말이다. 윗사람에게도, 대등한 인간관계에서도, 아랫사람에게도 편안하게 사용할 수 있다. 이것은 '내가 너를 사랑해'를 줄인 말로서 사랑하는 주체가 '나'이므로 '나-전달법'에 해당한다.

그에 비해 '사랑스러워'는 아랫사람에게 쓸 수 있는 말이지만 윗사람에게는 쓸 수 없다. "할아버지 사랑스러워"는 곤란하다. 이것은 '너는 사랑스러워'를 줄인 말로서 사랑스런 주체가 '너'이므로 '너-전달법'에 해당한다.

우리가 흔히 하는 칭찬은 대개 '너-전달법'에 속하는데, 칭찬은 윗사람이 아랫사람에게 하는 것이 자연스럽다. 아랫사람이 윗사람에게 칭찬한다면 버릇없는 사람으로 취급받게 될 것이다. 따라서 내가 상대방에게 윗사람으로 (때로는 실력 있는 사람으로) 충분히 인정받는 경우가 아니라면 '너-전달법'인 칭찬을 자제하고 긍정적인 '나-전달법'을 사용하는 것이 바람직하다.

중학생인 자녀가 학교에서 친구들과 있었던 어려운 문제를 집에 와서 엄마에게 이야기하고 의논할 때 "네가 엄마에게 이야기한 것은 참 잘한 일이다. 넌 착한 애야"라고 말하는 것은 '네가 잘했다'는 것이기 때문에 '너-전달법'으로 말한 칭찬이다. 칭찬받은 중학생 자녀는 엄마의 평가에 따라 잘잘못이 결정되는 것을 불편해하거나 칭찬에 연연해서 위축될 수도 있다.

그에 반해 "네가 엄마에게 이야기해 주니까 엄마를 믿어 주는 것 같아서 참 흐뭇하다"라고 말하는 것은 내가 흐뭇하다는 말이기 때문에 긍정적인 '나-전달법'에 해당한다. 엄마의 감정을 솔직하게 알려 주었을 뿐 자녀의 행동에 대한 평가는 하지 않았기 때문에 자녀 스스로 자신의 행동에 대해 생각할 수 있는 여지를 남겨 두었다.

그림을 잘 그리는 고등학생 아들에게 엄마가 "이 그림 참 잘 그렸다"고 '너-전달법'으로 칭찬하는 경우, 평소 아들이 엄마의 그림 실력을 인정하지 않았다면 엄마의 칭찬이 달갑지 않을 수 있다. 그래서 아들은 엄마에게 "엄마가 그림 볼 줄이나 아세요"라고 핀잔을 줄 수도 있다. 아들 입장에서 생각한다면 엄마의 칭찬이 평가로 들릴 수 있고 나보다 못하는 사람에게 평가받는 것은 기분 좋은 일이 아닐 수 있다.

반면, "이 그림 참 보기 좋구나" 또는 "이 그림 정말 엄마 마음에 든다”와 같이 긍정적인 ‘나-전달법’으로 말한다면 아들이 달갑지 않을 이유가 없을 것이고, 오히려 엄마의 관심에 기분 좋아할 것이다.

인사를 잘하는 이웃집 중학생에게 “너 참 착하구나, 인사도 잘하고”라고 ‘너-전달법’으로 칭찬한다면 중학생은 아마 쑥스러워하고 멋쩍어하면서 “착하긴 뭘요”라고 할지도 모른다. 착하다는 평가를 부담스럽게 느낄 수도 있다.

그런가 하면 “인사받으니까 참 좋다”라고 긍정적인 ‘나-전달법’으로 말한다면 더욱 친밀한 느낌이 들 것이고 중학생은 자신의 행동(인사한 것)에 스스로 흐뭇해하고 더 나아가서 자신이 참 괜찮은 사람으로 느껴져서 긍정적인 자아상을 키우는 효과도 있을 것이다.

## 비만과 학업에 문제가 있는 아이

초등학교 5학년 아들을 둔 주부 민씨는 아들이 너무 살이 찐 것 같아 걱정이다. 또 아들의 학업 성적도 불만스러웠다. 민씨는 긍정적인 ‘나-전달법’을 공부하고 아들에게 적용해 보려고 했다. 하지만 긍정적인 행동이 보이지 않아 찾고 있던 중 아들이 밥그릇을 깨끗이 비우고 반찬을 맛있게 먹는 모습과 식사를 끝내고 자기 그릇을 싱크대에 가져가 물에 담가 두는 행동이 보기 좋았다.

“경인아, 밥 맛있게 먹고 그릇을 싱크대에 갖다 두니까 엄마가 설거지하기가 한결 수월하고 좋단다”라고 긍정적인 ‘나-전달법’으로 말했다. 아들도 기분 좋은 표정이었다. 아들은 다음 날에도 식사 후에 자기 그릇은 물론이고 다른 가족의 빈 그릇까지 치워 주었다. 민씨는 내심 '칭찬이 좋구나' 하는 생각을 했지만 아들의 행동이 썩 마음에 들지는 않았다. 민씨는 그 시간에 아들이 들어가서 공부를 했으면 하는 마음이었고, 한편으로 아들의 행동이 남자답지 못하다는 생각도 들었다. 그런데 아들이 다음 날도 그다음 날도 같은 행동을 계속하자 드디어 민씨는 불만을 터뜨리고 말았다.

"너 들어가서 공부나 해라. 누가 너한테 그릇 치우라고 시켰니. 쓸데없는 짓 그만해."

아들은 좋은 일하고 엄마에게 인정받으려고 했다가 오히려 야단만 맞고 주눅 들게 되었다.


긍정적인 '나ー전달법'이 실패한 사례다. 긍정적인 '나ー전달법'은 정말 긍정적인 감정이 생길 때 사용해야 한다. 민씨는 남자가 부엌일 하는 것에 부정적인 편견을 갖고 있었고, 아들이 무엇보다 공부를 잘하기를 바랐기 때문에 아들의 행동이 긍정적으로 느껴지지 않았다. 부정적인 감정이 생기면 그것을 며칠씩 쌓아 두지 말고 솔직하게 이야기해야 감정의 폭발을 막을 수 있다.

"경인아, 너 식탁에 앉아서 빈 그릇 다 치워 주는 거 엄마는 싫어"라고 말했다면 아들은 크게 상처받지 않고 행동을 바꿀 수 있었을 것이다. 칭찬받고 인정받는 일에 목말라 있는 자녀에게 긍정적인 '나ー전달법'은 행동을 강화시키는 대단한 힘이 있다.

긍정적인 '나-전달법'은 우선 사람을 참 기분 좋게 만든다. 말하는 사람도 듣는 사람도 기분이 좋아지고 서로의 관계도 좋아진다. 그래서 많이 사용하라고 권하고 싶다. 그런가 하면 지나친 칭찬은 자녀 교육에 역효과라고 최근 미국 컬럼비아 대학의 연구 보고에서도 지적한 바 있다. 칭찬에 익숙해진 아동은 새로운 일을 하거나 지식을 접할 때 위축되면서 자신의 똑똑한 이미지를 잃을까 봐 우려하게 된다고 한다. 그러나 긍정적인 '나-전달법'은 정직한 감정을 느낄 때 표현하는 것이기 때문에 지나치게 남용할 우려가 없고 판단에 의한 평가가 아니라서 일상적인 칭찬의 역효과를 피할 수 있다. 우리나라 부모들이 긍정적인 '나-전달법'에 좀 더 익숙해졌으면 좋겠다.

직면적 '나-전달법'에 이어 긍정적인 '나-전달법'에 대해서 살펴보았다. 자녀들은 부모를 도와주고 싶어 하고 부모와 좋은 관계를 맺길 원한다. 어쩌면 지금까지 부모들은 자녀에게 도움이 필요하다는 메시지를 보내지 않았거나 잘못된 표현 방식으로 자녀들이 부모를 도울 기회를 제공하지 못하고 있었는지 모른다. 꾸준한 연습을 통해서 더 좋은 '나-전달법'을 사용한다면, 놀라울 정도로 창의적이고 독특한 해결책을 자녀들이 생각해 낼 수 있을 것이다.

# 아이에게 상처 주지 않고
# 대화하기



**지혜롭게 도움을 주고받는 방법 :**
**예방적 '나-전달법'**

문제가 생긴 후에는 부모 스스로 감정 조절이 힘들어져서 '너-전달법'으로 말하게 되거나 질적으로 떨어지는 '나-전달법'을 사용하기 쉽다. 그러므로 문제가 생기기 전에 예방적인 '나-전달법'으로 말하는 것이 효과적이다. 예를 들어 설명해 보겠다.

**상황** 자녀가 놀러 나갔다가 늦은 시간에 귀가했을 경우

① 왜 이제 들어오니?

② 일찍 좀 다녀.

③ 너 아빠한테 혼 좀 나야 돼.

등의 '너-전달법'으로 말하거나

① 너 때문에 속상해 죽겠어.

② 너 기다리느라 아무것도 못했어.

③ 네가 늦게 들어오니까 엄마는 정말 화가 나.

등의 질이 낮은 '나-전달법'으로 말하기가 쉽다.


이때 속상하고 화가 나는 감정은 2차적인 감정에 속하고, 그 원인(걱정, 불안, 염려, 초조)은 1차적인 감정인데, '나-전달법'으로 말할 때 1차적 감정을 찾아서 말하면 더 좋은 '나-전달법'이 된다.

"놀러 나갔다가 늦어지니까 엄마는 기다리면서 걱정했단다"라고 말하면 좋지만 엄마가 평온하지 않은 상황에서 이렇게 말하기는 힘들다. 그러므로 예측되는 문제 상황에 대해서 미리 '나-전달법'으로 말해서 대처하면 효과적이다.

위의 상황이라면, 예방적인 '나-전달법'은 자녀가 놀러 나갈 때 "놀러 나갔다가 늦게 들어오면 엄마는 걱정되고 불안해서 일이 손에 잡히지 않는단다"라고 한다면 "일찍 들어와" "늦으면 안 돼"라는 말보다 좋을 것이다.

하지만 예방적인 '나-전달법'으로 말한다고 하더라도 자녀의 욕구(위의 예에서는 밖에서 놀고 싶은)가 강하거나 엄마와 관계가 좋지 않다면 행동 변화에 효과적이지 못할 수도 있다.


**상황** 오늘 저녁 남편이 손님을 집으로 초대했는데 초등학교에 다니는 아들이 친구들을 데리고 와서 놀고 싶다고 할 때

① 오늘은 아빠 손님이 오시기로 되어 있단다.

② 오늘은 아빠 손님 맞을 준비를 하느라 엄마가 바쁠 것 같아.

③ 오늘은 아빠 손님 맞을 준비를 하느라 엄마가 바쁠 텐데 네 친구들이 오면 엄마가 힘들 것 같단다.

④ 오늘은 아빠 손님 맞을 준비를 하느라 엄마가 바쁠 텐데 네 친구들이 오면 엄마가 친구들한테 신경을 써야 하니까 힘들 것 같단다.

등으로 말하면 예방적인 '나－전달법'이 된다.


① 오늘은 친구를 데리고 오면 안 돼.

② 오늘은 다른 친구 집에 가서 놀다 와.

③ 오늘은 아빠 손님 오시니까 너 혼자 와.


등의 '너－전달법'으로 말하는 것과 어떻게 다른지 느껴 보았으면 좋겠다.


기타 예방적인 '나－전달법'의 예를 살펴보면 다음과 같다.

"오늘 저녁에는 아빠가 축구 경기를 보고 싶어 하신단다."

"내일 할머니께서 오시기로 했는데 집이 깨끗했으면 좋겠다."

"오늘은 엄마가 외출했다가 늦게 들어올 거라서 저녁에는 조용히 쉬고 싶단다."

‘세 살 버릇 여든 간다’는 속담이 있다. 우리 조상들은 이미 유아기 교육의 중요성을 잘 알고 있었던 같다. 그럼에도 때때로 나중에 크면 다 알아서 할 것이라는 잘못된 믿음으로 아이들의 세 살 버릇을 그르치게 만드는 일이 많은 것 같다. 손자가 귀엽다고 일방적으로 손자 편만 들어 안하무인이 되게 하고, 왕자병, 공주병이 들게도 한다. 손자가 걷거나 뛰다가 책상이나 의자 등에 부딪혔을 때 할머니는 책상에 대고 ‘때찌때찌’를 하여 손자를 달래 주느라 잘못을 책상 탓으로 돌려 버린다. 그 아이는 문제가 생기면 할머니에게 ‘때찌때찌’를 해 달라고 하고 책상뿐 아니라 그 대상이 다른 사람으로까지 확대된다. 남 탓하는 버릇은 이렇게 생겨날 수도 있다.

엄마가 아기를 안고 있는데 아기가 엄마 머리카락을 잡아당긴다. 물론 아기는 그러한 행동을 하면 엄마가 아프다는 것을 학습하지 않은 상태다. 엄마는 아픔을 느끼고, “아야, 아야”라고 아픈 표정으로 아기에게 호소하듯이 말하게 된다. 그러면 아기는 엄마의 말뜻을 표정이나 태도로 알게 되고 움켜잡았던 머리카락을 놓으면서 자신의 행동을 수정할 것이다. 이때 아기는 자신의 행동이 엄마에게 어떤 영향을 끼쳤는지 비로소 학습하게 된다.

아기의 똑같은 행동에 대한 엄마의 다른 반응을 살펴보자.

엄마가 아픈 순간 “이놈 왜 이래, 이거 놔 빨리”라고 하면서 무서운 표정으로 아이를 노려본다면 아기는 두려움에 질릴 것이고, 자신의 행동을 무안해하고 나아가 죄책감을 느낄 것이다. 머리카락을 잡았던 손을 놓는 행동은 같을지 몰라도 아이 내면에서 일어나는 감정적인 변화는 '나-전달법'으로 말한 전자의 경우와 '너-전달법'의 후자의 경우에 현격하게 차이가 난다.

같은 행동에 대한 엄마의 또 다른 태도를 살펴보자.

아기가 엄마의 머리카락을 잡아당기는 순간 엄마도 아이의 머리카락을 잡아당겨서 철저하게 경험 학습을 시킬 수도 있다. 아이는 자신의 머리카락이 당겨 아픔을 느끼면 놀라서 잡았던 엄마 머리카락을 놓게 된다. 엄마는 문제를 해결했지만 아기의 입장에서 한번 생각해 보자. 자기가 잘못하면 똑같이 당한다는 살벌한 세상살이를 너무 일찍 터득하도록 하여 아기가 세상에 대해 부정적이거나 방어적인 태도를 취하게 만들 수도 있다.

아이들과 대화를 할 때 엄마들이 놓치기 쉬운 문제점 하나가 있다. 아이들은 엄마가 하는 말뿐 아니라 엄마의 표정, 행동, 환경 등을 통해 전체적으로 의사 전달을 받는다는 사실이다. 이와 관련한 사례도 한번 알아보자.

## 엄마 마음을 꿰뚫는 아이

비교적 늦은 나이에 결혼을 하여 일곱 살 된 딸과 네 살 된 아들 수민이를 둔 엄마는 아이들을 무척이나 사랑하는 자애로운 엄마다. 딸아이는 착하고 엄마 말을 잘 듣는다. 아들 수민이는 가끔 엉뚱하고 제멋대로이긴 하지만 아직은 하는 짓마다 예쁘기만 하다.

어느 날 수민이가 새로 깨끗이 도배해 놓은 누나 방 벽에다가 크레파스로 그림을 그려 놓았다. 낙서처럼 보이는 그림이지만 그래도 엄마는 아들이 대견하고 귀엽기만 했다. 그런데 마침 아이의 잘못된 행동을 적절히 수정하는 방법을 공부하던 때여서 그냥 둘 수 없다는 생각을 하고 다음과 같이 말했다.

"수민아, 누나 방 벽에 그림을 그리면 엄마가 속상해."

엄마를 빤히 보던 수민이는 오히려 방긋 웃으면서 이렇게 되물었다.

"엄마, 속상해?"

그러고선 크레파스로 벽에다 또 그림을 그렸다. 엄마는 속으로 생각했다. 아이가 아직 어려서 말이 안 통한다고. 그리고 다음 수업 시간에 위 경험담을 이야기했다.

네 살인 수민이는 엄마와 대화할 때 엄마가 말하는 내용을 중요하게 받아들이는 것이 아니라 엄마의 태도, 표정, 분위기를 중요하게 감지한다. 엄마가 수민이의 행동을 수용하며 평소대로 느긋하고 너그러운 태도와 웃음 띤 얼굴로 속상하다고 말했기 때문에 수민이는 '속상하다'를 '기분 좋다'로 해석한 것이다. 즉 어려서 말이 통하지 않은 것이 아니라 어린아이에게 적절하지 않은 방법으로 대화를 한 탓에 아이가 제대로 이해하지 못한 것이다. '속상하다'는 말은 속상한 표정으로 말해야 바로 전달될 수 있다.

이렇게 사소한 것 같은 문제에서도 부모의 태도에 따라 자녀 교육의 방향이 바뀔 수 있다.

유아기 자녀에게 하는 '나-전달법'에서는 언어적인 요소만으로는 특히 부족하므로 비언어적인 요소(표정, 태도 등)를 잘 활용해야 하며, 언어적인 것과 비언어적인 것이 일치하도록 하는 것이 중요하다.


## 기어 바꾸기

자동차 운전을 할 때 전진과 후진을 번갈아 하기 위해서는 기어를 바꾸어야 한다. 전방에 장애물이 없으면 전진을 하여 원하는 방향으로 나아갈 수 있지만 전방에 장애물이 있을 경우에는 적당히 후진하여 방향을 바꾼 후 전진해야 할 것이다.

출구와 먼 주차장 안쪽에 차를 주차해 두었는데 많은 차들이 복잡하게 주차장 안을 메우고 있을 경우 운전이 서툰 사람은 겁부터 난다. 섬세하게 기어를 바꾸며 전진과 후진을 여러 번 반복해야 하기 때문이다. 또한 넓은 길에서는 전진만으로 운전하기 수월하지만 복잡한 길이나 장애물이 많은 장소에서는 사고 없이 운전하기가 훨씬 힘들다.

인간관계에서 이루어지는 의사소통도 마찬가지다. 내가 하고 싶은 말을 하는 '나-전달법'은 내 욕구 충족을 위한 수단이 되므로 운전의 전진에 비유할 수 있다.

그런가 하면 상대방의 입장을 받아들이고 상대방을 배려하는 '반영적 경청'은 내가 뒤로 물러나는 후진에 비유할 수 있다.

따라서 복잡한 문제나 미묘한 갈등을 의사소통으로 풀어 나가려면 필수적으로 '나-전달법'과 '반영적 경청'을 적절히 섞어서 사용할 필요가 있고, 이를 부모역할훈련 프로그램에서는 '기어 바꾸기(Gear Shifting)'라고 한다.

자녀의 행동을 수용할 수 없을 때 '나-전달법'을 쓰게 되는데, 서로 관계가 좋거나 자녀가 갈등을 겪고 있는 상황이 아니라면 자녀는 나를 도와서 자신의 행동을 수정할 것이고, 나는 원하는 결과를 얻게 될 것이다.

반면에 자녀의 행동을 수용할 수 없어서 '나-전달법'을 사용했는데 자녀가 행동을 수정하기는커녕 오히려 방어적으로(때로는 공격적으로- 적극적인 방어가 공격이다) 나올 때도 있다. 특히 사춘기 자녀들은 이런 반응을 보일 때가 많다. 자녀의 감정이 좋지 않거나, 자녀의 욕구가 강하거나, 부모-자녀 관계가 원만하지 않거나, 부모가 사용한 '나-전달법'이 질적으로 떨어지는 것 등이 이유일 수 있다. 이때 연거푸 '나-전달법'을 사용하는 것은 장애물이 앞에 있는 것을 알면서 전진으로 차를 몰고 가는 일에 비유할 수 있다. 결국 접촉 사고나 추돌 사고를 유발하여 차(인간관계)를 망가뜨리게 되고 목표 지점(문제 해결)에 도달할 수 없게 된다.

따라서 이때는 한발 물러설 수 있는 여유를 찾아서 반영적 경청법으로 후진하는 것이 바람직하다. 그런데 운전 기술이 미숙하면 적당히 후진을 하기 힘든 것처럼 평소에 감정을 조절하고 차분히 대화하는 훈련을 해 두지 않으면 반영적 경청을 쓸 수 있는 여유를 찾지 못할 수도 있다.

**상황** 아이가 낮에 실컷 놀고 저녁 늦게야 숙제를 하면서 짜증을 낸다.

엄마: 늦은 시간에 숙제 하고 아침에 일어나기 힘들어하는 거 엄마는 정말 싫다.('나-전달법' 사용)

자녀: 엄마가 숙제 해요? 그렇잖아도 속상해 죽겠는데.(방어적 반응)

엄마: 휴우…….(아이가 안 듣게 조용히 숨을 몰아쉬면서 감정을 조절함)

엄마: 그랬어? 숙제 하기가 힘든가 보구나.(반영적 경청 사용)

자녀: 그럼요, 오늘 숙제가 너무 힘들어요. 시간이 많이 걸리잖아요.

(반영적 경청을 한 후 아이가 마음을 열게 됨)

엄마: 그랬구나. 오늘 숙제가 특히 힘든가 보구나.(반영적 경청을 연거푸

잘 사용)

자녀: 네, 이제 조금만 하면 돼요.

엄마: 그러니? 엄마는 네가 늦게 자면 아침에 깨우는 일이 걱정돼서

그렇지.('나-전달법' 사용)

자녀: 알았어요. 시계 맞춰 놓고 잘게요.


**상황** 중학생 딸이 외출했다가 연락도 없이 늦은 시간까지 귀가하지 않아서 걱정을 하던 참에 딸아이가 막 현관문을 열고 들어온다.

엄마: (짜증 섞인 목소리로) 속상해! 너 기다리느라 아무 일도 못했어.

딸: 일부러 늦은 거 아니란 말예요.(방어적 반응)

엄마: 그랬어? 사정이 있었나 보구나.(딸의 입장을 받아들이는 말. 반영적 경청 사용)

딸: 네, 엄마. 영주한테 곤란한 일이 생겼거든요. 그냥 두고 올 수 없었다고요.(딸이 사정을 이야기함)

엄마: 전화도 없으니까 걱정했잖아.('나-전달법' 사용)

딸: 엄마, 그 상황에서 어떻게 전화해요.(다시 방어적인 반응)

엄마: 그랬구나. 엄마 말이 섭섭하게 들렸니?(반영적 경청 사용)

딸: 됐어요, 엄마. 그러면 내가 미안하잖아요.


위의 사례들처럼만 되어도 좋을 것이다. 부모와 자녀 관계를 포함한 인간관계는 참으로 미묘하고 복잡해서 상황마다 다르고 똑같은 답이 있을 수 없다. 흔히 말하는 것처럼 'Case by Case'다. 따라서 똑같이 대입하려고 하기보다는 제시한 사례들을 참고해서 자신의 문제를 풀어 나가는 데 적용했으면 좋겠다.

인간관계에서는 밀고 당기기가 어느 정도 필요하지만, 일방적으로 밀어붙이거나 밀리는 관계는 바람직하지 않다. 밀고 당기는 과정에서 서로 존중하는 마음으로 성실하게 대화하고 의사소통 기술을 적용하여 수용하고 공감한다면 좋은 결과를 얻을 수 있을 것이다.

## 말 안 듣는 아이

복층아파트 2층에서 모임을 하는데 그날은 마침 유치원에 다니는 아들이 집에 있었다. 엄마는 아이에게 우리가 공부하는 세 시간 동안 아래층에서 머물고 2층으로 올라오지 말라고 당부해 놓았다. 그러고도 안심이 되지 않아 가끔 아래층으로 가서 아이에게 주의를 주었다. 그랬는데도 모임이 끝나기 전에 일이 생겼다. 아이는 방에서 나오더니 순식간에 2층 계단으로 올라왔고, 그것을 본 엄마는 놀라서 아이에게 올라오지 말라고 지시했다.

"너 올라오지 말랬지? 빨리 내려가."

엄마가 하는 말에 아랑곳하지 않고 아이는 2층으로 올라왔고, 엄마들의 시선이 아이에게 집중되었다. 그중 몇 명이 아이에게 "내려가야지" "여기 오면 안 돼" "아래층에서 놀아야지"라고 말했다. 아이는 이러한 말에 전혀 동요하지 않고 필자 옆으로 다가와서 얼른 분필을 잡았다. 나는 간이 칠판에 분필로 글을 쓰면서 중요한 이론을 설명하던 참이었다. 분필을 잡은 아이는 칠판에 뭔가 쓰려고 했다. 그 순간 나는 아이에게 부드러운 미소를 보이면서 눈을 맞추고 말했다.

"준서야, 아줌마들이 뭐하는지 궁금했구나."

분필을 잡은 아이가 손을 칠판으로 가져가다가 멈췄다.

"준서도 칠판에 글씨 쓰고 싶구나?"

나와 눈을 맞추고 있던 아이는 그 상태 그대로 행동을 멈추었다.
나는 다시 말했다.

"아줌마들이 공부하고 있었단다. 준서가 칠판에 글을 쓰면 공부를
계속하기가 곤란해. 어떻게 할까?"

내 얼굴을 빤히 보던 아이는 슬그머니 분필을 내려놓았다. 그리고
는 멋쩍게 웃어 보이는 것이었다.

"준서가 아줌마들 공부 잘할 수 있게 도와줘서 정말 고마워."

그러자 아이는 스스로 아래층으로 내려갔다. 나와 아이의 행동을 지
켜보던 여러 엄마들은 정말 확실한 실습을 했다고 만족해했다.


"말 안 듣는 아이는 없다"고 고든은 말했다. 부모들이 설정한 어떤
행동 기준에 맞지 않게 자녀들이 행동하면 부모들은 아이가 말을 안
듣는다고 생각한다. 그리고 많은 부모들이 자녀들에게 말 잘 듣는 방
법을 가르치고 싶어 한다. 그렇지만 자녀들은 부모의 말을 안 듣는 것
이 아니라 단지 자신의 욕구를 충족하기 위해 행동할 따름이다. 따라
서 부모가 자녀의 행동을 다른 시각으로 바라보면 상호 관계는 더욱
좋아질 것이다. 왜냐하면 자녀들은 부모와 좋은 관계를 맺고 싶어 하
기 때문이다.

위의 사례에서 준서는 자신의 욕구를 충족하고 싶었던 것이지 엄마
말을 안 듣고 싶은 것이 아니었다. 준서를 인격자로 존중하면서 행동
의 문제점을 스스로 인식할 수 있도록 대화를 한 것이다. 존중받을 행

동을 할 수 있는 능력이 아이에게도 있고 존중받으면 그러한 능력을
발휘하기가 더 쉽기 때문이다.

## 첫 한마디가 대화의
## 방향을 결정한다

"엄마, 나 전학시켜 주세요. 내일부터 학교 안 갈 거예요."

잔뜩 화가 난 얼굴로 학교에서 돌아온 6학년 아들이 한 말이다. 평
소 욕심이 많고 자기주장이 확실한 아이는 공부를 잘했지만 자기중
심적이고 공격적인 성향이 걱정되기도 했다. 엄마는 아이와 대화를
시도했다.

"정환아, 학교에서 속상한 일이 있었구나."

"네, 우리 선생님이 말도 안 되는 소리를 했어요."

"선생님 때문에 속상했나 보구나. 무슨 일인지 알아야 엄마가 도
와줄 텐데."

"아이들 앞에서 망신을 줬단 말예요."

"너 자존심 많이 상했나 보구나."

"글쎄, 오늘 시험 본 거 채점을 잘못해 놨잖아요. 그래서 고쳐 달
라고 했어요. 그랬더니 내가 다시 지웠다고 안 된데요."

"그런 일이 있었구나."

"자기가 채점 잘못해 놓고 아이들 앞에서 망신을 줬어요. 내가 고쳐 써서 점수 올려 달라고 하는 거래요."

"기분 나빴겠구나. 그래서 어떻게 했어?"

"아니라고 그랬죠. 원래 시험지 제출하기 전에 한 번 지웠다가 고친 거였거든요. 그랬더니 어떻게 믿느냐면서 안 된다잖아요."

"억울했겠구나."

"그래 갖고 무슨 교사예요? 내가 거짓말을 했다는 말이잖아요? 그러니까 전학할 거예요."

아이 말을 듣고 엄마도 몹시 언짢아졌다. 정환이가 좀 당돌하기는 해도 정직하고 때로는 고지식한데 답안을 고쳐서 선생님을 속이려고 했을 리는 없다고 생각했다. 학교에 가서 선생님을 만나 얘기를 해볼까 하는 생각도 했지만 감정이 진정되지 않은 상태로는 좋은 말로 대화가 안 될 것 같아서 그날은 일단 참기로 했다.

다음 날 아침 다행히 아이가 학교에 갔다.

"결석하면 안 되니까 가는 거예요. 전학은 시켜 주세요."

전학하는 일이 간단한 것도 아니고, 아이의 상처도 깊은 것 같아서 담임을 만나 전후 사정을 들어 보려고 하교 시간에 맞춰서 학교로 찾아갔다. 어제 저녁보다는 감정이 가라앉은 것을 다행스럽게 여기면서 선생님과 나눌 말을 생각해 보고 준비했다. 아이의 담임은 대학을 졸업하고 초임인 데다 교사 경력이 짧은 미혼의 여선생님이었다. 선생님을 만나서 인사를 나누고 준비해 온 말을 먼저 했다.

“선생님, 요즘 아이들 많이 힘들게 하죠.”

담임선생님은 조심스럽게 말했다.

“정환이 어머님이 한번 오실 줄 알았어요.”

“우리 아이가 어제 속상한 일이 있었나 봐요.”

선생님은 자초지종을 다음과 같이 말했다. 어제따라 선생님은 몸 상태가 좋지 않았고, 반 아이들은 계속해서 선생님을 힘들게 했다. 채점한 시험지를 받은 아이들이 여기저기서 이러저러한 불평불만을 쏟아 내 선생님도 무척 화가 나 있었는데 정환이가 시험지를 갖고 나와 점수를 고쳐 달라고 했다. 선생님은 확인하는 차원에서 되물었는데 선생님의 짜증 난 목소리에 정환이가 기분이 나빠졌던 것이다. 그래서 정환이는 공격적으로 자기주장을 했고, 선생님은 반 아이들 앞에서 체면을 세워야겠다는 생각에 정환이 말을 받아들이지 않았다고 했다. 그 후 선생님도 마음이 편치 않았고, 오늘 정환이 태도를 보면서 어떻게 해야 좋을지 생각 중이었다고 했다. 동생 같기도 한 담임선생님의 얘기를 듣고 나니 상황이 충분히 이해되었고 당돌하게 주장했을 아이 모습이 눈에 선하기도 했다.

“선생님, 오히려 제가 미안하네요.”

“아니에요, 제 잘못이에요.”

이야기를 나누고 나니 어느새 두 사람은 친밀한 분위기가 되어 있었다.

“선생님, 그런데 우리 아이가 전학시켜 달래요. 제 딴에는 친구들 앞에서 자존심이 많이 상했나 봐요.”

"그랬을 거예요, 어머니. 내일 시험지 점수 수정해 줘야겠어요. 아이들 앞에서 고쳐 주면 정환이 마음도 풀릴 거예요."

그다음 날 선생님은 약속을 지켜 주었고, 정환이도 자존심이 회복되었다. 정환이 엄마는 부모역할훈련을 받기 전이었다면 아이 말만 듣고 당장 선생님을 찾아갔을 것이라고 했다. 감정이 치솟아 있는 상태에서 만났다면 이성적으로 선생님과 대화를 할 수 없었을 것이고 문제를 오히려 더 악화시켰을 것이라고 했다.

하룻밤을 자면서 생각해 보고 어떻게 대화를 할까 준비한 후에 선생님을 만난 것은 참 잘한 일이다. 모든 일은 첫 단추를 잘 끼워야 한다. 대화에서도, 인간관계에서도 첫마디는 매우 중요하다. 첫 한마디가 대화의 방향을 설정해 주기 때문이다. 정환이 어머니가 선생님에게 처음 한 말 "요즘 아이들 많이 힘들게 하죠"는 대화의 벽을 허물게 하는 힘 있는 말이다. 이 말에 안심이 된 선생님은 마음의 문을 열고 문제를 털어놓은 것이다.

자녀를 도와준다고 한 일이 도움이 되기는커녕 오히려 문제를 꼬이게 만들고, 자녀를 더 곤란하게 하는 일이 허다하다.

교사는 각자 자기 나름대로 교육관이 있고 권위가 있다. 그런데 부모가 아이 말만 듣고 학교에서 생긴 일에 참견하면 교사 입장에서는 자신의 권위가 도전받는다고 생각할 수 있다. 자녀가 스스로 해결하기 어려운 일이라면 부모가 나서서 도와줘야겠지만, 그럴 때도 상대방을 존중하는 마음으로 이성적인 대화를 할 수 있어야 한다.

# 4

# 우리 아이의 미래, 부모 하기 달렸다

민주적인 가정에서 자란 자녀는 민주 시민으로 성장한다.
부모가 민주적인 사고와 행동을 보이는 것이 민주 사회를 만드는 첫걸음인 것이다.
'제3의 방법'은 자녀를 민주적으로 대하는 자세로 일찍이 교육학자 존 듀이(John Dewey)가 창안했고, 고든이 이것을 부모역할훈련 프로그램에서 활용할 수 있도록 구체화시켰다.
이 장에서는 제3의 방법으로 자녀를 대하는 방법을 살펴보도록 한다.

# 01

# 부모가 알아야 할
# 문제 해결 기술

## 제3의 방법 –
## 민주적인 방법의 6단계

제3의 방법을 실천하는 6단계에 대해 알아보면 다음과 같다.

제3의 방법의 6단계를 활용하기 위해서는 먼저 준비 단계를 거쳐야 한다. 이것은 1단계 이전의 과정이므로 '0단계'라고도 한다.

이 0단계에서는 필요한 경우 제3의 방법에 대해 설명을 한다. 그리고 무엇보다 중요한 것은 감정을 조절하도록 하는 것이다. 시간적인 여유와 편안한 감정을 갖도록 해야 한다. 6단계를 진행하는 중에도 의심이 들거나 감정 상태가 나빠지면 0단계로 다시 돌아가서 '반영적 경청'과 '나–전달법'으로 감정을 평온하게 한 후 과정을 진행하도록 해야 한다. 감정 갈등과 욕구 갈등이 뒤엉키는 것을 방지하기 위해서다.

풀리지 않는 욕구 갈등을 잘 살펴보면 때로는 욕구 자체에서 비롯된 문제보다 부정적 감정이 누적되고 손상된 자존심으로 인한 감정 갈등이 원인인 경우가 많다. 따라서 감정 처리를 잘하는 것은 욕구 문제를 해결하기 위한 선결 과제라고 할 수 있다.

### 1단계: 문제 정의하기

욕구를 충족하기 위해 갈등을 확인하고 정의하는 과정이다. '나-전달법'으로 자신의 욕구를 말하고 '반영적 경청'으로 자녀의 욕구를 파악한다. 욕구가 드러나면 다시 한 번 정리해서 서로의 욕구를 확인한다.

### 2단계: 가능한 해결책 탐색하기

자녀가 해결책을 생각해 보도록 격려하고 부모도 자유롭게 해결책을 내놓는다. 엉뚱하거나 마음에 들지 않는 방법도 이 단계에서는 평가를 하지 않고 전부 수집한다.

### 3단계: 해결책 평가하기

2단계에서 생각해 낸 해결책 중에서 부모나 자녀 어느 쪽에서라도 싫은 방법은 폐기하고 서로가 수용할 수 있는 해결책을 찾아내는 과정이다.

### 4단계: 해결책 결정하기

3단계에서 선별한 것 중 부모와 자녀 모두 수용할 수 있는 것으로 해결책을 결정한다. 필요하다면 기록해 두는 것이 좋다.


**5단계:** 해결책을 실행하기

누가, 언제, 무엇을 할 것인지를 정하고 그에 따라 실천한다.


**6단계:** 실행 결과를 평가, 검토하기

이미 만들어지고 실행한 방법이 항상 최선이라는 법은 없다. 실행 과정에서 알게 된 부적절한 부분, 수정하거나 거부하고 싶은 점이 있다면 보완하고 더 나은 해결책을 찾아서 다시 시도하도록 준비한다.

제3의 방법의 6단계를 더욱 구체적으로 설명해 보겠다. 이해를 돕기 위해 상황을 가정하고 여기에 6단계를 적용해 보도록 하자.


## 무엇을 사 달라고 떼쓰는 아이

저녁 식사를 준비하던 주부 정씨는 먼저 쌀을 씻어서 전기밥솥에 넣고 코드를 꽂았다. 반찬거리를 챙겨 보다가 저녁 상차림이 이대로는 빈약할 것 같아서 시장에 다녀오기로 했다. 남편 퇴근 시간에 맞추어 식사 준비를 하려면 빨리 다녀와야겠다고 생각하고 만 원짜리 한 장만 갖고 집을 나섰다. 생선찌개를 하기로 마음먹고 생선만 사올 생각이었다. 집을 나와서 시장 쪽으로 걸음을 재촉하던 중 밖에서 놀고 있던 초등학교 2학년인 아들을 만났다. 아들은 엄마가 시장에 간다고 하자 따라가겠다고 했고 장씨는 아들과 함께 귀가해서 식사를 같이 할 수 있겠다는 생각에 그러자고 했다. 그런데 시장 근처에 왔을 때 아들은 피자가게 앞에서 걸음을 멈추고 피자를 사 달라고 했다. 문제가 발생한 것이다.

이때 "안 돼. 지금 피자 먹으면 저녁밥 못 먹잖아" "오늘은 안 돼. 다음에 사 줄게" "왜 따라와서 귀찮게 하니" 같은 말을 하는 것은 권위주의적인 제1의 방법에 해당한다.

"그래, 피자 사 줄게" 하고 바로 허용하거나 처음에는 안 된다고 거부하다가 아들이 떼를 쓰고 고집을 부리자 할 수 없이 사 주는 것은 허용적인 제2의 방법에 해당한다.

이상의 방법들은 한쪽의 욕구는 채워졌지만 다른 쪽의 욕구는 좌절되었기 때문에 좋은 해결책이라고 할 수 없다. 따라서 민주적인 제3의 방법으로 문제를 해결해 보도록 하자.

그러기 위해서는 먼저 서로의 욕구를 찾아보아야 한다. 표면적으로 드러난 바람(Want)은 '아들이 피자를 사 먹는 것'과 '엄마가 피자를 안 사 주는 것'으로 이러한 서로의 바람은 대립되어 있어서 둘 중에 하나를 선택할 수밖에 없다. 즉 두 사람의 욕구를 동시에 충족할 수는 없는 것이다. 그러므로 표면적인 문제에 맞추어 문제를 해결하려 하지 말고 먼저 더욱 심층적인 욕구를 찾는 데 초점을 맞출 필요가 있다. 피자를 사 주고 싶지 않은 엄마의 마음 밑에는 지금 갖고 있는 돈 만 원으로 생선을 산 후 남편의 퇴근 시간에 맞추어 맛있는 저녁 상차림을 하고 싶은 욕구(Need)가 깔려 있다. 그렇다면 이러한 자신의 욕구를 숨기지 말고 '나―전달법'으로 말해야 한다.

"엄마는 지금 생선 살 돈만 갖고 나왔단다. 그리고 빨리 집에 가서 식사 준비를 해야 해. 아빠 퇴근 시간이 얼마 남지 않았거든." 이렇게 상황을 잘 전달한다면 아이도 엄마를 이해하고 자신의 욕구를 더욱 구체적으로 말할 것이다. 만일 그래도 아이가 무작정 떼를 쓰고 고집을 부린다면 모자간의 관계가 좋지 않거나 지금까지의 의사소통에 문제가 많았다고 봐야 한다.

"엄마, 애들하고 축구하고 놀아서 나 지금 배고파. 먹을 거 사 달라고 하려고 따라왔는데……." 아들이 이렇게 말했다면 아들의 진정한 욕구는 허기를 채우는 것이다. 배고픔을 해결하고 싶은 생리적인 욕구가 피자를 사 달라는 바람으로 표현된 것이다.

피자를 사 주느냐 안 사 주느냐 하는 대립된 문제에서, 저녁 식사 준비를 잘하고 싶은 엄마의 욕구와 허기를 채우고 싶은(이해받는) 아이의 욕구를 찾아내는 것은, 제3의 방법 6단계 중 1단계에 속한다. 이는 문제를 해결하는 데 가장 중요하면서도 인내를 필요로 하는 힘든 단계다.

"아하, 그러니까 너는 배가 고파서 뭔가 좀 먹고 싶었구나. 그런데 엄마는 생선을 사서 저녁 반찬을 맛있게 만들고 싶단다." 이렇게 말하면 1단계가 정리된다.

아이의 욕구를 이해는 했지만 곧바로 "조금만 참아, 곧 저녁 먹을 시간이잖아”라고 말하고 싶어질 수도 있다. 하지만 그렇게 말하면 권위주의적인 방법으로 이미 돌아가 버린 셈이다. 또 아이들은 어른처럼 배고픈 것을 참고 기다리는 게 힘들다는 점도 고려해야 한다.

제3의 방법으로 문제를 풀어 가기 위해서는 시간적으로나 심적으로나 여유가 있어야 한다. 실제로 바빠서 조급해지면 해결책부터 먼저 찾게 된다. 따라서 제3의 방법을 사용하려면 상당한 시행착오를 거쳐야 할 것이다.


1단계에서 2단계로 진행해 보자.

“어떻게 하면 좋을까? 무슨 좋은 방법이 없겠니?” 엄마가 이렇게 말하는 것은 가능한 해결책을 찾아보기 위해서고, 이 단계를 ‘순발적으로 말하기(Brain Storming)’ 단계라고 한다. 머리를 굴려서 생각나는 대로 주저하지 말고 말하는 단계라고 할 수 있다. 창의적인 생각은 고정관념의 틀을 깨는 데서 나오고 얼핏 들어서 말도 안 되는 것 같은 생각이 발전하면 대단한 창작이나 발명이 되는 경우가 있다. 그래서 생각을 많이 하게 하는 이 단계는 자녀들에게 유익한 점이 많다. 엄마의 말을 들은 아이는 머리를 굴려 생각해 볼 것이다.

“아, 엄마 이렇게 하면 어때요? 엄마는 생선 사 오고 피자는 배달시켜요. 집에 돈 있죠? 나는 집에 먼저 가서 피자 먹으면 되겠네.” 이렇게 말했다면 이 아이는 피자의 유혹을 뿌리치기 힘들거나 머리를 잘 쓰는 아이일 것이다.

이때 엄마가 어떻게 반응하는 것이 좋을지 생각해 보자. 우선 아이의 해결책을 받아들이는 방법이 있을 것이다. 피자는 배달시키고 아이가 먼저 집에 가서 피자를 먹는다면 엄마는 생선을 사서 지체하지 않고 집으로 돌아갈 수 있고, 따라서 저녁 식사를 준비하는 데 방해를 받지 않을 것이다. 그러므로 엄마의 또 다른 욕구가 없다면 이 방법을 받아들일 수 있다.

"그래 그러자꾸나. 그러면 되겠네." 문제는 여기서 해결된다.

그런가 하면 엄마가 아이의 해결책을 받아들이고 싶지 않을 때도 있을 것이다. 이때 아이와 평소 신뢰 관계가 좋지 않았다면 얄미운 마음이 들어서 "너는 그런 머리는 잘 돌아가는구나" "꼭 그렇게 해서 피자를 먹어야 되겠니?"라고 빈정거릴 수도 있고, "그건 안 돼"라고 즉각 거부해 버릴 수도 있다. 이렇게 상호 관계에 문제가 있을 때는 제3의 방법을 사용하는 도중에도 수시로 제1의 방법으로 바뀔 수 있는 함정이 널려 있다고 할 수 있다.

민주적인 부모가 되기 위해서는 아이의 해결책이 내 마음에 들지 않더라도 바로 비난이나 평가를 하지 말고 일단 아이의 의견을 인정해 줘야 한다. 그래야만 아이가 계속해서 새로운 방법을 찾아내고 싶어질 것이기 때문이다. 아이 입장에서는 기껏 생각하고 말했는데 엄마가 한마디로 핀잔을 주거나 거부한다면 위축되어서 다시는 머리를 굴리고 싶지 않을 것이고, 따라서 창의성을 계발할 수 없게 될지도 모른다. 그렇다고 해서 싫은 것을 그대로 동조하고 받아들인다면 이는 제2의 방법으로 허용하는 결과가 된다. 싫은 것은 싫다고 말하되 아이가 말한 것은 인정을 해 주는 것이 좋다.

"너는 그런 생각을 했구나" "그런 방법이 있었구나" 등으로 말하거나 "엄마는 미처 그 생각을 못 했는걸. 너는 정말 머리가 잘 돌아가네(물론 빈정거림이 아니라 진심으로 칭찬하는 말)" 등으로 아이의 생각을 충분히 인정해 줄 수 있다. 이렇게 말하는 것은 의견 자체를 인정하고 수용하는 것으로서 해결책에 동조하거나 찬성하는 것은 아니다. 그러나 가끔 여기에도 오해의 소지는 있을 수 있다. 지금까지 서로 욕구가 충돌할 때마다 O, X 즉 동조, 찬성이 아니면 반대, 거부하는 방식으로 일관해 왔다면 새로운 방식이 아이를 혼란스럽게 만들 수 있기 때문이다. 아이들은 자기 의견을 부모가 반대하거나 거부하지 않으니까 자칫 동조, 찬성해 주는 것으로 착각하고 좋아했다가 그렇지 않은 것을 알게 되면 실망하거나 속았다고 생각하기도 할 것이다. 그렇지만 흑백논리에 길들여지는 것을 방지하기 위해서도 조화로운 수용의 의미를 알게 해 줄 필요가 있다. 아이들은 적응력이 빨라서 오랫동안 혼란스러워하지 않고 금세 새로운 방식에 맞출 수 있을 것이다.

"그런데 문제가 좀 있단다. 저녁밥은 이미 해 놓았는데 네가 피자를 먹으면 밥이 남을 테고 엄마는 그게 싫은걸."

아이가 제시한 방법을 거부하는 의견을 말하는 것은 3단계인 평가 단계에 속한다. 이렇게 부드럽게 말해도 의견은 확실하게 전달할 수 있고 아이는 엄마의 말을 이해하고 다른 방법을 찾을 것이다. (그러나 아들이 피자를 먹고픈 욕구가 아주 강하거나 모자 관계가 좋지 않았을 때는 자신의 주장만 고집할 수도 있다. 이럴 경우 0단계로 돌아가 관계 개선을 위한 노력을 충분히 해야만 할 것이다.)

"그래요, 엄마. 피자는 다음에 사 주세요. 그럼, 뭐 사 먹을까?"

"글쎄, 뭐가 좋을까?"

엄마 눈에 들어오는 게 있거나 생각나는 것이 있으면 빨리 해결하고 싶어서 말하게 될 것이다. "우유 마시고 기다렸다가 밥 먹자꾸나" "도넛 하나만 먹으면 어떨까?" 등으로 말할 수 있다. 이렇게 엄마가 해결책을 먼저 말하면 아이는 수동적이 되어 적극적인 참여를 하지 않게 되며 의존적인 성향이 될 수 있다.

아이가 먼저 생각해 보고 해결책을 말하도록 기회를 주는 것이 좋다. 아이의 해결책에 엄마도 찬성하면 아이는 더욱 신나서 실행할 것이다. 따라서 자신감도 키우고 적극적인 성격을 기르는 데 도움이 될 수 있다.

"엄마, 저기 핫도그 하나 사 주세요. 핫도그 하나 먹어도 저녁밥 다 먹을 수 있어요."

아들이 제시한 이 방법은 엄마에게 어떠한 문제도 일으키지 않는다.

"그래, 그러면 좋겠다."

엄마는 동의했다. 해결책이 정해졌으므로 이 부분은 4단계에 해당한다. 상호 욕구를 충족할 수 있는 해결책을 찾아서 결정하는 단계다.

아이는 핫도그를 하나 사 먹었고, 두 사람은 생선을 사 와서 퇴근한 남편과 함께 저녁 식사를 할 수 있었다. 아이는 약속한 대로 저녁밥을 먹었다.

결정한 해결책을 실행에 옮기는 5단계 과정도 여기서 마쳤다. 간단한 문제는 대화를 통해서 하나의 해결책을 정하고 그것을 1회에 실행하는 것으로 끝나지만 반복되는 문제나 복잡한 문제를 제3의 방법으로 다룰 때는 그렇게 할 수 없다. 2단계에서 가능한 해결책을 찾아낼 때 말하는 대로 모두 기록하고 2단계가 끝날 때까지는 평가를 하지 않기로 약속을 하고 지켜야 한다. 해결책 찾기가 끝나면 그 하나하나를 평가해서 서로에게 좋은 것을 골라 채택한다. 그렇게 해결책이 결정되면 실행할 사람을 정하고 실행 기간도 정해야 한다. 자녀가 어리면 대개 일주일 간격, 자녀가 크면 2주 내지 한 달 간격으로 정하는 것이 적당하다.

이제 마지막 6단계에 대해서 말해 보자. 해결책을 실행한 후 그 결과를 평가하는 단계다. 식사 후 엄마가 아들에게

"네가 저녁밥을 맛있게 잘 먹는 걸 보니까 엄마는 기분이 좋다. 피자 사 먹지 않고 핫도그 하나만 먹기로 의논한 거 참 잘했다는 생각이 드는데 네 생각은 어떠니?"

"엄마, 나도 잘했다고 생각해요. 생선찌개랑 맛있게 밥 먹었잖아요. 그리고 피자는 다음에 사 주실 거죠?"

이쯤 되면 실행 결과에 양쪽 다 만족한 경우다.

이렇게 해서 제3의 방법을 실행 완료했다. 이러한 경험은 비슷한 문제가 발생했을 때 참고로 적용할 수 있으므로 실행한 후 평가하고 점검해 보는 것 역시 중요한 과정이다.


지금까지 제3의 방법의 6단계에 대한 이해를 돕기 위해서 하나의 상황을 가정해 설명해 보았다. 이 상황을 참고하는 것은 괜찮지만 똑같이 실행해야 하는 정답으로 받아들일 필요는 없다. 실생활에서는 여러 가

지 변수(부모-자녀 관계, 부모나 자녀의 감정 상태, 성격, 환경, 생활 습관 등)에 따라 무수히 다양한 상황이 생길 수 있다. 그래서 인간관계는 상황 논리(Case by Case)로 풀어야 한다. 또 제3의 방법을 사용하기 힘들 때도 많다. 시간적인 여유가 없거나 위급한 상황일 때, 아이가 법규를 어길 때나 부모의 욕구가 간절하고 옳다고 확신할 때는 제1의 방법을 사용할 수도 있다. 제3의 방법을 사용하려면 자녀와 눈높이를 맞추는 수평적인 관계를 만들고, 자녀의 욕구를 존중하고 신뢰하는 마음을 가져야 한다. 또 사실과 감정을 개방하고 자녀와 의사소통을 원활히 할 때 제3의 방법이 생활 속에서 뿌리내릴 수 있다.

여기서 전체 과정을 다시 한 번 간단하게 정리해 보겠다.
먼저, 진정한 욕구가 무엇인지 찾아보고　**1 단계**
그다음, 그 욕구를 충족하기 위한 방법들을 동원하고　**2 단계**
다시, 그 방법들 중에서 누군가가 싫어하는 것은 폐기하고　**3 단계**
그래서 서로에게 좋은 해결책을 합의한다.　**4 단계**
그다음, 실행에 옮기고　**5 단계**
마지막으로, 실행한 결과를 다시 점검한다.　**6 단계**

## 민주적인 의사소통은 실천으로 시작된다

민주적인 부모가 되고 민주적인 가정을 만드는 일은 긴 여정일 수도 있다. 그렇지만 좋은 부모가 되려면 포기해서는 안 될 길이다.

## 반찬 투정을 하는 아이

아이들이 식탁에 마주 앉을 때마다 티격태격하다가 결국 딸아이가 울곤 한다.

"이 반찬에서 양파 냄새가 나지? 오빠, 냄새 안 나?"

"냄새가 난다고 생각하니까 그렇지."

"오빠는 음식 맛도 몰라."

"그게 편식이지 뭐야. 네가 무슨 미식가라고."

민아가 여전히 이 반찬 저 반찬을 젓가락으로 깨작거리자 민수는 드디어 참지 못하고 소리를 지른다.

"엄마, 민아 좀 보세요. 저러는 걸 보면 화가 나서 밥 먹기가 싫어져요."

그러면 민아는 울음을 터뜨린다.

"오빠는 나를 싫어해."

늘 이런 식이라서 어느 날 식사 후 과일을 먹는 자리에서 이야기를 꺼냈다.

"엄마는 항상 오붓한 저녁 식사를 했으면 하고 기대하는데, 둘이서 반찬 때문에 다투고 울곤 하니까 엄마는 속이 상해서 소화가 안 돼. 우리 해결책을 좀 찾아보면 어떨까?"

“엄마, 정말 좋은 의견이에요. 민아가 먹지도 않으면서 건드리고, 먹어 보지도 않았으면서 맛없겠다는 표정을 짓는 것이 몹시 싫어요. 밥은 먹지 않고 이러쿵저러쿵 이야기하면 정말 밥맛 떨어져요.”

“나는 맛있게 먹고 싶지만 싫어하는 냄새를 맡으면 토할 것 같고 오빠가 날 쳐다보고 잔소리하니까 짜증이 나서 밥 먹기가 싫어.”

“자, 너희들 마음을 다 알고 보니 해결 방법이 있을 것 같구나. 우리 종이에 적어 가면서 생각해 보자꾸나.”

서로 상대방의 욕구를 알게 되자 해결 방법들이 무려 20여 가지가 나왔다. 둘 다 흥미진진하게 제안하는 모습은 뜻밖이었다. 여러 방법 중 서로 협의하여 결정한 내용은 아래와 같다.


1. 음식에 대해 좋은 생각을 하려고 애쓴다.
2. 반찬 이야기보다 다른 이야기를 하고 반찬 이야기는 식사가 끝난 다음에 한다.
3. 식탁에서 서로 간섭하지 않는다.
4. 먹고 싶지 않더라도 식사 시작 때 인상을 쓰거나 불평하지 않는다.
5. 반찬 냄새를 맡거나 공연히 건드리지 않는다.
6. 되도록 요리를 민아가 먹기 좋게 잘게 썰어서 만든다.
7. 감사하는 마음으로 기도를 꼭 한다.


우리는 이 해결 방법을 적어 식탁 옆에 붙이고는 가끔 쳐다보면서 웃음 띤 얼굴로 분위기 좋게 식사를 할 수 있었다. 스스로 정한 규칙들을 지키려고 서로 노력하다 보니 재미도 있었다. 실행 단계에서 느끼는 이런 즐거움은 아주 중요했다. 민아가 지켜야 할 사항이 많아서 일일이 지키기가 힘들지 않을까 걱정이 된다고 했더니, 민아는 "회의에서 결정된 내용을 지키는 일이라 즐거웠다"고 했다. 민주적인 해결 방법의 효과를 새삼스레 실감했다.

우리 집의 가장 큰 골칫거리가 이렇게 해결되었다. 요즈음에도 가끔 문젯거리가 생길 때면 민아는 으레 "엄마, 우리 회의해서 방법을 찾아요"라며 제안을 하곤 한다.


상호 욕구를 충족하는 승승법으로 문제를 해결하기 위해서는 의사소통 기술이 무엇보다 중요하다. 잘 듣고 자기표현을 잘하는 방법을 먼저 익혀야 대립된 문제를 대화로 풀 수 있기 때문이다. 부모가 먼저 의사소통 기술을 쌓은 후 자녀와 의논을 시도하는 것이 바람직하다. 각자 자기 주장만 옳다고 생각하고 자신의 방법만 고집한다면 문제는 해결되지 않고 악순환이 반복될 수밖에 없다. 민주적으로 의논해서 문제를 해결해 온 경험이 없는 부모나 자녀에게는 처음부터 쉽게 접근할 수 있는 방법이 아닐 수도 있다. 부모가 먼저 전 과정을 이해하고 자녀와 신뢰를 쌓은 다음 문제 해결을 위한 대화를 시작하는 것이 바람직하다.

## 화장실에 들어가면 싸우는 형제

아들만 둘을 키우는 부모들은 다른 부모들보다 더 힘들 수밖에 없어 형제가 서로 상승 작용을 하면서 거칠어지기 때문이다. 남매나 자매를 키우는 것과는 차이가 있다.

4학년 정우와 2학년 현우는 조그만 일에도 서로 경쟁적이다. 무엇이든 한 명이 하면 다른 한 명도 같이 하려고 하면서 경쟁이 붙고 집안이 시끄러워지곤 한다. 요즘 들어 화장실을 쓰는 문제 때문에 곤란한 일이 자주 벌어진다. 동시에 화장실을 쓰겠다고 다투거나 형이 사용 중일 때 문을 열고 들어가서 다툼이 생기곤 한다. 심지어는 형에게 힘으로 밀리는 동생이 화를 참지 못하고 형 옷에 대고 오줌을 누어서 옷이 다 젖은 적도 있다. 아이들을 꾸짖고 타이르기를 여러 번 했지만 그때뿐이고 아이들의 행동은 여전했다.

일방적으로 주의를 주는 것이 효과가 없다는 것을 알게 된 후 다른 방법으로 문제를 해결해 보기로 했다. 아이들을 문제 해결에 적극적으로 참여시키는 민주적인 방법으로 의논하기를 시도했다. 두 아들과 함께 마주 앉아 대화를 시작했다.

"아빠는 너희들과 함께 의논해서 꼭 해결하고 싶은 문제가 있단다."

“무슨 문제예요?”

“응, 너희들이 화장실 쓰는 문제란다.”

“아빠! 싸우지 말라고 그러시려는 거죠?”

“그렇긴 한데 명령하려는 게 아니고, 너희들 의견을 먼저 듣고 의논해서 좋은 방법을 찾고 싶단다.”

“알았어요.”

“아빠는 우선 너희들이 화장실에서 싸우다가 넘어져서 다칠까 봐 걱정되고, 또 화장실에서 소리 지르면 이웃집에 잘 들리니까 동네 사람들 보기가 민망하단다.”

“그런데 아빠, 쟤가 꼭 따라 들어와서 화나게 하잖아요.”

큰아이가 먼저 문제를 말했다.

“그래 그게 문제였구나. 혼자 조용히 화장실을 쓰고 싶다는 말이지?”

“그런데 아빠, 내가 화장실 가고 싶을 때 형이 먼저 들어가잖아요. 그럼 어떻게 해요?”

형이 대답할 틈도 주지 않고 동생이 그럴 수밖에 없는 이유를 말했다.

“아! 그러니까 너는 필요할 때마다 곧바로 화장실을 쓰고 싶은 거구나.”

“네, 맞아요.”

“정우는 혼자 조용히 쓰고 싶고, 현우는 필요할 때 곧바로 쓰고 싶고, 아빠는 너희들이 안전하게 화장실을 사용했으면 하고 이웃 사람

들에게 아빠로서 떳떳한 모습을 보이고 싶단다. 우리 세 사람이 진정
으로 바라는 것을 알았으니 이제 방법을 찾아보자꾸나.”

“하고 싶은 말 하라고요?”

“그럼, 무슨 방법이든 생각나는 것은 다 말해도 돼. 지금부터 말하
는 것을 아빠가 다 기록할게. 세 사람이 하고 싶은 말을 다 끝낼 때까
지는 맞다, 틀리다, 한다, 못한다, 좋다, 싫다 같은 말을 하지 않기
야.”

“그러면 싫은 건 언제 말해요?”

“방법들을 더 이상 찾을 수 없을 때 그때 기록해 놓은 순서대로 하
나하나 선별할 거란다.”

“아빠 이제 말할게요. 화장실 두 개 있는 집으로 이사 가면 되잖아
요.”

작은아이는 너무 쉬운 방법을 찾은 것처럼 신이 나서 말했다. ‘화
장실 두 개 있는 집으로 당장 이사를 가는 것이 쉬운 문제라고 생각
하니?’라고 꾸중하고 싶었지만 그럴 수 없었다. 의견을 말하는 동안
평가하지 않기로 한 약속을 지켜야 했기 때문이다.

“그래, 화장실 두 개 있는 집으로 이사 가기, 아빠가 쓸게.”

“화장실 문 열기 전에 꼭 노크하기.”

큰아이가 말하는 대로 아빠는 썼다.

“노크하면 안에 있는 사람은 뭐하는지 말하기.”

작은아이의 의견도 썼다.

“급할 때는 노크 여러 번 하기.”

작은아이는 자신의 주장을 계속 말했다.

"그리고 노크 여러 번 하면 안에 있는 사람은 문 열어 주기."

"알았어. 그럼 급할 때 노크 똑똑똑 세 번 한 다음 다시 또 세 번 하기야. 그렇게 하지 않고 문 열지 않기야."

큰아이가 정리한 대로 아빠는 썼다.

"세수하고 샤워하는 것은 시간을 정해서 그대로 하기."

큰아이가 제안했다.

"세면대와 변기를 따로 쓸 때는 형제간에 화장실 함께 사용해도 되기."

아빠의 의견도 썼다.

"더 이상 의견이 없다면, 그럼 지금까지 내놓은 것 중에서 실천할 수 없다고 생각하는 것은 빼도록 하자."

아빠가 다음 과정을 안내하면서 써 놓은 것을 아이들에게 차례로 읽어 주었다.

"빼고 싶은 것 없어요."

두 아이는 모든 항목에 찬성했다.

"아빠는 하나 빼고 싶어. 첫 번째 의견인 화장실 두 개 있는 집으로 이사 가기는 당장 실천할 수가 없어. 이사 갈 수 있을 때까지 다른 방법들로 해결하자꾸나."

"네, 알았어요."

두 아이가 동의했다.

"우리가 정한 규칙을 일주일 동안 실천해 보자. 그런 다음 다음 주이 시간쯤에 다시 한 번 의논해 보자. 바꿔야 할 점이 있으면 또 의논해서 새로운 방법으로 바꾸기로 하자.”

“네, 좋아요.”

그리고 실천할 규칙들을 써서 화장실 문에 붙여 두었다.

그 이후 아이들이 신기하게도 화장실 사용 문제로 싸우지 않았다. 급하게 문을 열려고 하던 작은아이는 ‘아차’ 하고 문에 붙여 놓은 실천 사항을 보고 노크를 했고, 그러면 화장실 안에 있던 큰아이가 대답해서 서로 배려하는 모습을 보였다.


남자아이는 경쟁심이 여자아이보다 강하다. 다른 사람들보다 앞서기를 원하고, 형제나 또래 사이에서 서열을 매기려고 한다. 따라서 남매보다 형제가 싸움과 경쟁이 더 잦다.

갈등을 민주적으로 해결하는 ‘제3의 방법’은 교육자 듀이가 창안했다. 문제를 해결하는 과정은 6단계로 되어 있고, 시작하기 전 준비 단계에서 의사소통 기술을 익히고, 6단계에 대한 이해를 먼저 해야 한다. 그 외 시간적 여유, 상호 존중하는 태도도 중요하다.


전체 과정 중에서 준비 단계와 1단계가 특히 중요하다. 1단계가 잘되면 다음 단계부터는 쉬워진다. 이해를 돕기 위해서 세 사람의 욕구를 다시 정리하면 다음과 같다.

**1단계:** 서로 원하는 것을 욕구에 초점을 맞추고 말한다.

아빠: ① 화장실에서 싸우다 넘어져서 다칠까 걱정된다.

   **욕구**   아이들이 안전하기를 원한다.

   ② 동네 사람들 보기가 민망하다 .

   **욕구**   이웃에 좋은 아빠로 인정받고 싶다.

큰애: 동생이 화장실에 따라 들어와서 화난다.

   **욕구**   혼자 조용히 화장실을 쓰고 싶다.

작은애: 화장실 쓰고 싶을 때 형이 먼저 들어간다.

   **욕구**   필요할 때 즉시 화장실을 쓰고 싶다.

**2단계:** 가능한 해결책들을 제시한다. 이때 모든 제안을 거부하거나 평가하지 않고 기록한다. 이 단계를 '순발적으로 말하는 단계(Brain Storming)' 라고도 한다. 심사숙고하지 않고 머리에 떠오르는 대로 즉각 말하는 단계로 창의성을 키울 수 있는 단계다.

**3단계:** 2단계에서 제시된 방법들을 평가해서 실천 가능한 것과 그렇지 않은 것을 분류한다.

**4단계:** 3단계에서 실천 가능한 것으로 선별된 해결책을 적어 놓고 실천하기로 결정한다.

**5단계:** 합의된 해결책을 실행 기간을 정해서 실행한다.

**6단계:** 실행해 본 후 그 결과를 평가하고, 실천할 수 없었던 해결책은 다시 의논해서 새로운 해결책으로 수정한다.

## 02

# 엄마가 행복해야
# 아이도 행복하다


**아이가 제 힘으로 하도록
격려하자**

## 남을 배려할 줄 모르는 아이

대중목욕탕에서 필자가 경험한 일이다. 목욕탕 안은 많은 사람으로 차 있어서 샤워기 옆이나 온탕 옆에는 앉을 자리가 없었다. 어쩔 수 없이 냉탕 가까운 곳에 자리를 잡고 앉을 수밖에 없었다. 조금 떨어진 곳에 4~5세 정도의 여자아이 두 명이 찬물을 퍼 나르면서 놀고 있었고, 그 아이들 옆에는 아주머니 한 분이 씻고 있었다. 아이들이 찬물을 철철 넘치게 퍼 나르면서 아주머니 쪽으로 줄줄 흘렸기 때문에 아주머니가 아이들에게 주의를 줬다.

"애야, 물 퍼내지 말고 놀아라."

"애들아, 저쪽 가서 놀아."

이렇게 몇 번 말했지만 아이들은 들은 체도 하지 않고 또다시 찬물을 퍼 날랐다. 이런 모습을 보고 있자니 염려가 되었다. 아이들이 계속 말을 무시하면 아주머니가 화를 낼 것 같았기 때문이다. 아이들에게 다른 방법으로 말해 보려고 약간 옆으로 옮겨 앉았다. 그랬더니 찬물이 튀었고 이때다 싶어서 말을 했다.

"얘야!"

조금은 단호한 어조로 아이의 관심을 모았다. 아이는 물통을 든 채 쳐다보았고 나는 아이와 눈을 맞추고 말을 계속하였다. 아이들에게 말할 때는 먼저 주의를 환기시킬 필요가 있다.

"있잖아, 아줌마한테 찬물이 튀니까 너무 차가워. 아유, 추워. 그래서 싫어."

몸을 움츠리며 추운 몸짓을 하고 싫은 표정을 지으며 절실하게 말했다. 물론 나무라거나 야단치는 느낌이 들지 않도록 주의하면서 말했다. 다행히 말이 끝나자 아이는 자기 자리로 돌아갔다.

아주머니는 '너-전달법'으로 아이들에게 명령하고 지시를 했다. 아이들이 잘못하고 있다는 생각으로 단지 행동을 금지하는 데 초점을 맞추었고, 구체적으로 무엇이 문제인지는 말하지 않았기 때문에 아이들이 자신의 행동을 돌이켜 보도록 하는 효과가 없었다. 어른들에게 습관적으로 야단맞고 지시를 받아 온 아이들은 자극에 둔감하기 때문에 귀 기울여 듣지 않고 무시하는 경향이 있다.

한참 후 그 아이는 다시 물통을 들고 찬물 쪽으로 걸음을 옮겼고, 나는 아이의 행동을 유심히 지켜보았다. 아이는 힐금힐금 눈치를 보는 듯했지만 나는 아무 말 없이 아이의 행동을 지켜보았다. 그러자 아이는 욕조 앞에서 다시 한 번 쳐다보더니 물을 펐다. 조금 전까지는 물통에 철철 넘치도록 퍼서 줄줄 흘렸는데, 이번에는 가득 물을 푼 다음 욕조에다 적당히 다시 쏟았다. 아마 3분의 1 정도는 버리고 나머지만 통에 남기는 것 같았다. 그러고는 물통을 얌전하게 두 팔로 끌어안고 조심조심 걸어서 자기 자리로 물을 날랐다. 물을 한 방울도 흘리지 않았다. '맞아, 바로 저거야'라고 혼잣말로 중얼거렸다.

그 아이에게 하나도 가르치지 않았다. 물 푸는 방법도, 조심해서 나르는 방법도. 그렇지만 아이는 스스로 문제를 잘 해결했다. 어른들이 진정으로 원하는 것은 아이들이 노는 것을 방해하는 것이 아니라, 편안하고 기분 좋게 목욕하는 것이다. 아이들이 원하는 것은 엄마들이 목욕을 다 할 때까지 목욕탕에서 심심하지 않게 혹은 재미있게 노는 것이다. 아줌마들을 귀찮게 하는 나쁜 애가 되고 싶지는 않았을 것이다. 문제는 바로 그렇게 해결된 것이다. 아이들도 어른들도 서로에게 방해받지 않고 자신이 원하는 것을 할 수 있었으니까.


여기서 한 가지 더 생각해 볼 점이 있다. '나―전달법'으로 말할 때 기대한 행동은 아이들이 찬물을 퍼내지 않는 것이었다. "찬물을 퍼내지 말라"고 명령하지는 않았지만 아이들이 찬물을 퍼내는 대신 다른 놀이를 하기를 기대한 것이다. 아이들의 행동이 기대했던 것과 달랐지만 방해받지 않고 편안하게 목욕을 하고 싶은 욕구는 충족된 것이다. 아이들은 재미있게 놀고 싶은 욕구가 강하고, 그러려면 찬물이 꼭 필요했기 때문에 어른이 기대한 방법으로 행동을 수정하지 않은 것이다.

이와 같이 문제를 해결하는 답이 한 가지만 있는 것은 아니다. 그러면 이렇게 말하고 싶을지도 모른다. 아이들이 물을 쏟으면서 퍼낼 때 '나-전달법'으로 말하지 말고 잘 타일러서 가르칠 수도 있지 않겠느냐고. "얘들아, 물을 조금씩 퍼서 흘리지 말고 나르면 좋겠다"라고 말이다. 어른들은 이미 경험해서 아는 일을 너무나 많이 가르치려 한다. 이는 아이들이 스스로 생각해서 방법을 찾을 기회를 뺏는 것이다. 먼저 가르치는 것보다 행동의 선택권을 상대방에게 넘겨주는 '나-전달법'이 더 가치 있는 방법이라고 말하고 싶다.

이렇게 서로 욕구가 다를 때 나의 욕구만 채우기 위해서 '~하지 마라' '다른 것 해라' 같은 말을 하며 힘으로 해결하는 권위주의적인 제1의 방법이 있고, 애들이 물을 쏟더라도 그대로 내버려 두는 허용적인 제2의 방법이 있다. 앞의 사례에서 사용한 방법은 양쪽의 욕구를 같이 충족할 수 있는 민주적인 제3의 방법이라고 할 수 있다.

때로는 서로에게 좋은 해결책을 의외로 쉽게 찾을 수도 있다.

또 다른 사례로 제3의 방법을 알아보자.

한 초등학교의 넓은 강당에서 부모역할훈련 프로그램 모임을 하면서 필자가 경험한 사례다.

　가을 운동회를 2~3일 남겨 두고 막바지 연습을 하느라 학교 안이 술렁거렸다. 모임을 시작한 지 5주째였고, 넓은 강당 안의 한쪽 코너에 14~15명의 어머니들과 함께 둥글게 의자를 놓고 앉아 토의를 시작하였다. 우리 모임이 진행되는 세 시간 동안은 교장 선생님의 배려 덕분에 넓은 강당은 우리 차지였다. 그런데 그날은 시작하고 얼마 지나지 않았을 때 문제가 생겼다.

　큰 강당 앞쪽에는 무대와 교실 쪽으로 연결되는 문이 있고, 우리가 앉아 있던 뒤쪽에는 운동장으로 연결되는 문이 있었다. 그런데 교실 쪽으로 연결된 앞쪽의 강당 문이 열리고 학생들이 우르르 쏟아지듯 무대 위로 들어왔다. 고학년 남학생들이 북, 장구, 꽹과리 등을 치면서 사물놀이 연습을 하러 강당 안으로 들어온 것이다. 물론 강당 안에 우리가 있다는 것을 몰랐을 것이다. 우리가 앉아 있는 곳과 강당의 무대는 꽤 거리가 있었다. 수십 명의 학생들이 들어오고 먼저 들어온 몇몇은 자리를 잡고 연습을 할 양으로 앉기 시작하는데 그때 문밖에서 남자 선생님 한 분이 강당 안을 들여다보고 말했다.

　"빨리 나와. 여기서 연습하면 안 돼."

　"빨리빨리 나와."

　그러자 강당 안으로 들어왔던 학생들은 다시 밖으로 우르르 몰려나갔다. 갑자기 소란해진 탓에 우리는 공부를 멈췄고, 아이들에게 도움을 요청하기 위해 자리에서 일어나 무대 쪽으로 가던 나는 중간쯤에서 걸음을 멈추고 밖으로 나가는 아이들 모습을 지켜보며 서 있었다.

　대부분 학생들이 강당 밖으로 나갔으나 자리를 잡고 앉은 대여섯 명이 일어날 생각이 없는 듯 꼼짝 않고 있었다. 선생님은 아마 학생들이 다 나올 거라고 생각하셨는지 이미 자리를 떠나 버렸다. 나는 그 학생들 앞으로 가까이 가서 아이들의 표정을 살펴보았는데 불만이 얼굴에 역력히 배어 있었다. 아마 먼저 좋은 자리를 잡았는데 포기하고 나가기가 억울한 것 같았다. 선생님이 강당 안에서 연습을 할 수 없는 이유를 설명하지 않았기 때문이다.


　이럴 때는 '나-전달법'을 사용하여 도움을 요청하기에 앞서서 아이들의 마음을 읽어 주는 '반영적 경청'을 하여 감정이 평온해지도록 먼저 도와주는 것이 좋다.

　"너희들 여기서 연습하고 싶구나. 밖으로 나가기 싫은가 보다."

　아이들을 이해하고 수용하려는 마음이 표정이나 말로 드러났을 것이다. 아이들은 이해받았다는 느낌만으로도 표정이 밝아졌다.

　이제는 도움을 요청할 차례다.

　"있잖아, 저기 엄마들이 앉아 있지? 지금 공부하고 있거든. 조용히 얘기하고 책 보고 그랬는데 너희들이 여기서 연습하면 공부하기 어려워. 어떡하지?"

　아이들은 말이 떨어지자마자 대답했다.

　"네, 알았어요. 우리가 나가면 돼요."

아이들은 기분 좋게 일어나서 강당 밖으로 나갔다.

'나-전달법'의 위력을 실감하게 하는 사례로, '반영적 경청'을 먼저 하고 '나-전달법'으로 기어 바꾸기를 해서 문제를 해결했다.

우리는 가벼운 마음으로 공부를 계속했고 얼마간의 시간이 흘렀을 무렵 또다시 문제가 생겼다. 강당 문이 열리더니 5~6학년으로 보이는 여학생들이 예닐곱 명 들어왔다. 노래하고 춤을 추면서 무용 연습을 하는 듯했다. 조용히 공부하던 분위기가 깨어졌고 어쩔 수 없이 아이들에게 다가가서 도움을 요청했다.

"얘들아, 얘기 좀 할게."

아이들이 행동을 멈추고 말을 듣도록 잠시 기다렸다. 의아한 듯 쳐다보는 아이들에게 '나-전달법'으로 말했다.

"저쪽에서 엄마들이 공부하고 있단다. 너희들이 여기서 춤추고 노래하면 공부하기 곤란해."

그랬더니 그중 한 명이 얼른 말을 받았다.

"그럼, 우린 어떻게 해요? 우리는 어디서 연습해요?"

이럴 때 어른들은 흔히 "이 녀석 봐라, 당돌하군" 하고 말할 것이다. 그렇지만 '당돌'과 '당당'은 종이 한 장 차이일 수 있다. 어른의 권위에 대한 도전으로 본다면 당돌한 것이고, 자신의 욕구를 잘 표현한다고 보면 당당한 것일 수 있다. 많은 경우에 '당돌하다'와 '당당하다'를 분별하는 기준은 주관적인 것 같다. 객관적인 기준으로 분별을 잘하는 것이 중요하다.

　조금 전 남자아이들처럼 “알았어요” 하고 나갈 줄 알았지만 예측이 빗나갔다. 아이들의 욕구(강당에서 연습하고 싶은)가 강하다는 데 생각이 미치 다음과 같이 말했다.

　“너희들 여기서 연습하고 싶구나. 다른 데 연습할 데가 없나 봐?”

　“네, 지금 교실 청소하고 있어요. 그래서 연습할 데가 없어요. 우리가 동작 못 맞추면 선생님한테 혼나거든요.”

　‘아이들이 여기서 연습하겠다고 고집하면 어떡하지? 참 난처한데.’ 아이의 말을 들으면서 이해하는 마음보다 걱정이 더 앞섰다. 그렇다고 힘으로 밀어붙여서 내보내고 싶지는 않고, 그냥 연습하도록 둘 수도 없고 달리 좋은 해결책은 떠오르지 않고……. 머릿속이 복잡하고 난감했지만 다시 한 번 ‘나―전달법’으로 말했다.

　“너희들은 여기서 연습하고 싶고 그러면 우리는 공부하기가 어렵고……, 어떡하지? 어쩌면 좋을까?”

　그러자 한 아이가 얼른 대답했다.

　“아, 이렇게 하면 돼요. 여기 커튼 치고요, 노래는 부르지 않고 조용히 동작 맞추는 연습만 할게요.”

　두꺼운 이중 커튼이 눈에 보였다.

　‘아! 바로 이것이로구나.’

　백짓장도 맞들면 낫다고 했던가. 아이의 생각이 내 생각보다 나았다. 우리는 어른이라는 이유만으로 얼마나 아이들의 생각을 못 믿고 무시했던가. 그래서 생각할 기회조차 주지 않고 내 뜻대로만 따르도록 강요하지 않았던가.

"아. 정말 좋은 생각이구나. 그러면 되겠네. 우리도 공부하는 데 방해받지 않을 것 같구나."

"그러고요, 우리 교실 청소 끝나면 교실로 갈게요."

"그래, 그러자꾸나."

우리가 공부하는 동안 아이들의 뛰는 소리도, 노랫소리도 들리지 않았고 우리는 어떤 방해도 받지 않고 공부를 할 수 있었다. 휴식 시간에 궁금한 마음이 생겨서 무대 쪽으로 가서 커튼을 걷어 보았다. 아이들은 이미 강당을 나가고 없었다. 아마 조용히 연습하다가 청소가 끝날 즈음 교실로 간 것이리라.

위의 사례에서 몇 가지를 생각해 보자. 강당 안에서 조용히 공부하고픈 우리의 욕구만 중요하다고 생각했거나 어른으로서 아이들에게 힘을 쓰는 것이 당연하다고 생각했다면 무용 연습을 강당에서 못하게 하고 나가라고 할 수도 있었다. 즉 권위주의적인 제1의 방법을 사용하는 것이다. 그러면 아이들은 어쩔 수 없이 강당 밖으로 나갔겠지만 감정적으로는 힘이 없어서 억울하다고 느낄지도 모른다. 어른들이 자기들 좋을 대로만 한다고 생각하고 불만을 품고 원망하는 마음을 키울 수도 있을 것이고, 언젠가 힘이 커지면 억울함을 되갚아 주고 싶어 할지도 모른다.

또 한 가지는 아이들이 연습할 데가 없고 잘못하면 선생님께 꾸중 듣는다는 말을 들은 후 아이들 입장을 이해하는 마음으로 그대로 노래하고 춤추는 것을 받아들이고 시끄러운 가운데서 공부하기를 선택하는 방법이다. 만일 그렇게 했다면 참 너그러운 어른이 되었다는 만족감이 잠깐 들었을지는 몰라도 계속되는 소음 때문에 공부에 집중하기는 어려웠을 것이다. 그러면 아이들의 행동이 못마땅해져서 미운 마음도 생길 수 있고 공부하기가 짜증스러웠을 것이다. 이처럼 어른이 양보하고 포기하는 방법을 자주 사용하면 자녀들은 자신의 욕구를 채우는 것만 알고 상대방의 욕구를 배려하는 방법을 배우지 못해 버릇없고 자기중심적인 아이가 될 수도 있다.

앞의 사례는 민주적인 제3의 방법을 사용한 예다. 양쪽 모두 만족스러운 방법으로 문제를 해결했다. 힘으로 밀어붙이거나 포기하고 양보한 것이 아니고, 양쪽의 욕구를 충족하는 방법을 찾아서 해결했기 때문이다. 이러한 방법을 '무패법(No Lose Method)' 또는 '승승법(Win Win Method)'이라고 한다. 이는 수직적인 인간관계가 아닌 수평적인 인간관계에서 문제를 해결하는 방법이다.

우리는 살아오면서 제1, 제2의 방법에 너무 익숙해진 탓에 제3의 방법을 사용하기 위해서는 여러 가지 어려움을 이겨내려는 노력이 필요하다. 마음의 여유, 시간적인 여유를 갖는 것도 필요하지만 부모들이 지금까지 갖고 있던 권위를 상실할지도 모른다는 두려움도 벗어던져야 한다. 물론 민주적인 방법을 사용함으로써 상실되는 권위는 참권위가 아닌 수직적인, 군림하는 권위이고 부적절한 권위라 할 수 있다.

## 피아노 강습을 싫어하는 아이

　피아노 강습을 받기 싫어하는 4학년 딸 지현이 때문에 엄마는 속상하다. 이왕 시작한 것을 조금만 더 배우면 좋으련만. 그러면 혼자서도 잘 칠 수 있을 텐데, 이 고비를 못 넘기고 그만두려고 해서 걱정이다.

　어려서 형편이 어려워 피아노를 배우지 못한 엄마는 아이가 피아노 앞에 앉아 있는 것을 보면 기분이 좋고 피아노 소리를 들으면 행복하기도 하다. 그래서 혼자 상상도 많이 했다. 아이가 피아노를 잘 치게 되면 얼마나 좋을까 하고.

　한두 달 전에도 그만두겠다는 것을 겨우 설득해서 계속하게 했는데, 이번에 또 설득하기는 힘들 것 같았다. 엄마는 아이와 대화를 통하여 문제를 풀어 보기로 마음먹었다.

　"지현아, 지금껏 열심히 배웠는데 이제 그만두면 배운 것 다 잊어버릴 텐데 엄마는 아깝다."

　"그러면 집에서 나 혼자 연습하지."

　"혼자 연습하겠다고? 피아노 치는 게 싫은 건 아니었구나."

　"피아노 배우러 다니는 게 싫어."

　"그러니? 다행이네. 엄마는 피아노 치는 게 싫어서 안 다니겠다고 하는 줄 알았지."

"그럼 엄마, 집에서 혼자 해도 돼?"

"가르쳐 주는 사람 없이 아직 너 혼자서 칠 수 있는 정도는 아니잖
아?"

"그래도 피아노 선생님한테 안 갈 거야."

"피아노 선생님하고 문제가 있나 보다."

"사실은 피아노 선생님 싫어. 기분 나빠."

"선생님이 지현이 마음을 아프게 했구나."

"엄마한테 말 안 하려고 했는데……, 지난번에도 그랬어. 나 공부
못한다고. 피아노 치는 것 보면 공부하는 것도 알 수 있대."

지현이는 1~2학년일 때 아빠 직장 관계로 가족과 함께 외국에서
살다 왔고 그 영향으로 학습 능력이 다소 뒤처졌다. 반면 3~4학년
때 외국에 있다가 온 오빠 성현이는 학습 능력에 문제가 없었고 성적
이 우수하다. 지현이는 오빠와 성적을 비교하는 말이나 공부를 못한
다고 하는 소리를 듣기 싫어한다. 엄마는 지현이의 특성을 알고 있었
기에 쉽게 마음을 읽어 줄 수 있었다.

"피아노 선생님이 그랬어? 그러니 선생님이 싫어졌겠구나."

"그런데 자주 그러는 건 아니야, 엄마. 내가 연습 많이 안 해 간 날
이나 실수를 많이 하면 그렇게 얘기해."

"선생님이 그렇게 말하지 않을 때는 어떠니?"

"그런 말만 안 하면 괜찮아. 선생님 잘 가르치긴 하잖아……. 그래
도 싫어. 또 그런 말 할 텐데 뭐."

“지현이 자존심 많이 상했구나. 그래서 선생님한테 배우고 싶지 않은가 보구나.”

“선생님 바꾸면 피아노 계속 칠 수 있는데……, 그런데 곤란하잖아. 이사 갈 수도 없고……, 내가 다른 데 다니면 선생님이 엄마한테 뭐라 그러겠지?”

피아노 선생님과 엄마는 반상회를 같이 하는 이웃이다.

“지현이 말이 맞아. 이사 가는 것도 쉽지 않고 다른 데 피아노 배우러 다니면 엄마 입장이 곤란할 것 같아.”

“선생님이 그런 말 안 하면 되는데, 그러면 엄마가 얘기 좀 해 줘.”

“지현이한테 자존심 상하는 말 하시지 말라고?”

“엄마, 말할 수 있어? 곤란하지? 엄마가 말하면 선생님이 더 기분 나쁘잖아.”

“우리 지현이 생각이 깊구나. 맞아, 엄마가 말하면 선생님이 자존심 상하실 거야. 어떡하지?”

“선생님이 기분 상하지 않게 말하는 방법을 엄마가 나한테 가르쳐 줘 봐. 그럼 내가 말해 볼게.”

“그래. 우리가 지금부터 연구해서 연습해 보자.”

의논을 끝낸 두 사람은 엄마가 선생님이 되어 딸아이와 연습했다. 그렇게 연습한 것을 아이는 피아노 선생님을 만나서 실천에 옮겼다. 선생님 기분이 나쁘지 않을 때 말을 시작했다.

“선생님, 하고 싶은 말이 있어요.”

“무슨 말이니?”

“저 어떤 때는 피아노 치기 싫을 때도 있어요.”

“어떤 때 치기 싫으니?”

“연습 많이 못했을 때, 또 잘 안 처질 때요. 그리고 선생님이 공부 얘기하실 때요.”

“그래?”

“피아노 치는 것 보면 공부하는 것도 알 수 있다고 하실 때요.”

“그랬니? 그런 말하면 싫었어? 피아노 치기 싫을 정도였어?”

“네.”

“몰랐구나. 다음부터 그런 말 안 할게. 선생님은 지현이 연습 더 많이 하라고 한 말이었는데 기분 나빴다면 미안해.”

“선생님 고마워요.”

그 일이 있은 후 엄마와 선생님은 우연히 아파트 단지 안에서 만났다. 선생님은 엄마에게 반갑게 다가와서 말했다.

“지현이 엄마, 딸 참 잘 키우셨어요. 어쩌면 그렇게 똑똑해요? 말을 너무 잘해요.”

그러면서 지현이와 있었던 일을 엄마에게 들려주었다. 지현이를 통해서 자신의 문제점을 발견했다고 한다. 피아노 레슨을 하다 보면 그만두는 아이들이 있는데 가끔은 원인을 알 수 없어서 속상했다고 했다. 지현이 말을 듣고 생각해 보니 자존심이 상해서 그만둔 아이도 있을 것 같다고 했다. 선생님의 진솔한 얘기에 엄마도 솔직히 고백할 수밖에 없었다.

“선생님, 사실은 나도 아는 일이에요. 지현이가 어떻게 말하는 것이 좋을지 나하고 의논했어요. 요즘 부모 역할을 제대로 하는 법을 배우고 있거든요. 배운 대로 해봤는데 잘됐네요.”

“지현이 엄마, 공부한 거 나한테도 좀 알려 줘요.”


지현이와 피아노 선생님은 그 후 더욱 가까워졌고 피아노 선생님도 부모역할훈련 프로그램에 참가하게 되었다. 자녀가 학원을 다니다 도중에 그만두겠다고 하는 상황은 많은 부모들이 경험하는 일이다. 그만 두고 싶다는 드러난 문제는 같을지라도 그 밑에 숨어 있는 이유는 아이마다 제각각이다. 따라서 동일한 해결책이 다른 아이들에게 통하지 않는 것이다. 대체로 진정한 문제는 표면화된 것이 아니고 그 밑에 숨어 있는 인간의 본질적인 욕구(Need)와 통하는 바람(Want)에 있다.

지현이의 드러난 문제는 피아노 강습을 그만두는 것이지만 진정한 문제는 선생님에게 존중받고 싶은 마음이다. 자존심이 손상되는 것이 싫었던 것이다. 이렇게 본질적인 문제를 찾는 작업은 서로 대립된 갈등 상황에서 문제를 해결하는 열쇠를 찾는 일이라고 할 수 있다. 서로 다른 욕구를 찾아서 충족하는 방법이 바로 승승법인 것이다. 부모의 부적절한 권위로 복종을 강요하거나 자녀의 잘못된 해결책을 그대로 받아들이는 대신 부모와 자녀가 함께 욕구 충족을 경험하는 바람직한 방법인 것이다.

**03**

# 가치관 갈등과
# 욕구 갈등이 만드는 문제들

## 가치관이 다른가,
## 욕구가 다른가?

'가치관 갈등'과 '욕구 갈등'이 어떻게 다르며 그것을 구별하는 방법이 무엇인지 알아보도록 하겠다.

내가 수용하고 싶지 않은 상대방의 행동이 구체적으로 나한테 피해를 주거나 영향을 미치면 '욕구 갈등'이고, 상대방의 행동을 수용하고 싶지 않지만 그 행동 때문에 내가 구체적으로 손해 보는 것도, 영향을 받는 것도 없다면 '가치관 갈등'이라고 할 수 있다. 즉 서로 기준이 달라서 생기는 개인적인 문제는 '가치관 갈등'이고, 서로에게 구체적인 영향을 미치는 문제는 '욕구 갈등'이라고 할 수 있다.

예를 들어 보자. 유치원에 다니는 딸이 머리를 길게 기르고 있는데 그로 인해 엄마가 아침마다 머리를 빗기고 묶느라 바쁘고 힘이 든다.

184

이러한 갈등을 해결하기 위해 '나-전달법'으로 말해 보면 "네가 머리를 기르니까 감기기도 힘들고, 또 아침마다 네 마음에 들도록 빗기고 묶어 줘야 하니까 엄마는 아침 시간에 바쁘고 힘들단다"라고 할 수 있겠다.

여기서 딸이 머리를 기르는 문제는 엄마에게 직접적으로 영향을 미쳐 엄마를 힘들게 하므로 딸과 엄마의 '욕구 갈등'이 된다. 이런 경우 '나-전달법'만으로 딸이 행동을 수정하지 않을 때는 '제3의 방법'으로 의논하여 해결하는 것이 바람직하다.

그런가 하면 대학에 다니는 딸이 머리를 길러서 풀어 늘어뜨리고 다니는 게 엄마가 보기에 싫고 딸에게 어울리지도 않는다고 생각한다면 "네가 머리를 기르고 다니는 것이 엄마가 보기에는 네 얼굴에 어울리지도 않고 좋아 보이지 않는구나"라고 '나-전달법'으로 이야기할 수 있다.

그러나 이 경우 딸 스스로 자신의 머리를 관리하므로 엄마에게 구체적으로 미치는 영향을 찾지는 못했다. 굳이 찾는다면 샴푸나 물이 많이 드는 정도일 것이다. 그러나 그 정도를 가지고 엄마에게 문제가 발생한다고 이야기하기는 어려울 것이고, 만일 이야기를 한다면 딸은 아껴서 쓴다고 대답하거나 자신의 용돈으로 샴푸를 사겠다고 하지 않을까 싶다. 딸은 엄마에게 직접적으로 미치는 영향이 없다고 생각하기 때문에 행동을 수정해야 할 필요성을 느끼지도 않을 것이고, 엄마에게 미안하지도 않을 것이다. 따라서 대학생 딸이 머리를 기르고 다니는 것은 딸의 개인적인 자유에 속하는 문제다. 이러한 것은 '가치관 갈등'이라고 할 수 있다. 이 경우 엄마가 딸의 행동(머리 기르는 것)을 수용하여 딸의 자유를 인정해 주면 갈등 상황은 없어진다.

가치관 차이에서 비롯되는 갈등은 먼저 수용할 수 있는지 없는지를 잘 생각해 보고 되도록 수용하는 것이 바람직하다. 그렇게 함으로써 상대방과 내가 독립된 관계를 맺게 되고 상대방의 자유를 인정하게 되기 때문이다.


또 다른 예를 들어 '욕구 갈등'과 '가치관 갈등'을 비교해 보도록 하자.

남편이 취미 생활을 하면서 아내에게 귀찮은 일거리를 만들고 가정 경제에 손실을 입힌다면, 부부 사이에 '욕구 갈등'이 발생할 수 있다. 그러나 남편의 취미 생활이 아내를 귀찮게 하거나 경제적인 부담을 주지 않는데도 아내가 못마땅하게 느낀다면 '가치관 갈등'이라고 할 수 있다.

그렇지만 이러한 구별이 항상 분명한 것은 아니다. 때로는 '욕구 갈등'인지 '가치관 갈등'인지 애매한 문제도 있고, 두 가지 갈등이 복합된 문제도 있다. 따라서 분류하기 힘든 문제거나 복합된 갈등이라고 생각될 때는 먼저 '제3의 방법'으로 대처하고 문제 해결이 잘 안 될 때 '가치관 갈등'으로 대처하는 것이 바람직하다. 그리고 '가치관 갈등'은 풀어 나가는 방법을 연구하기 전에 먼저 수용함으로써 갈등을 줄이는 것이 좋다. 내 기준으로, 내 잣대로 재지 말고 상대방의 기준으로 보고 인정한다면 많은 문제들이 수용 가능한 것으로 변할 것이다.

도저히 수용할 수 없고 수용해서는 안 될 것이라고 생각하는 문제에 대해서도 시급하게 해결해야 하는 경우가 아니라면 지금까지 공부해 온 '반영적 경청'과 '나─전달법'을 꾸준히 사용해 보는 것이 좋다. 좋은 관계를 만들고 서로 가치관을 점검해 보는 시간을 가지면 서로를 도와주고 싶은 마음이 생겨나고 따라서 자신의 가치관을 수정할 수도 있을 것이다.

## 꾸준한 노력으로
## 바람직한 가치관이 형성된다

### 오토바이를 사 달라고 떼쓰는 아이

고등학교 2학년 아들이 학교 공부는 등한시하면서 오토바이를 사 달라고 하면 어떻게 할까?

권씨는 아들 하나를 키우면서 무척이나 정성을 들였다. 어느 부모보다도 더 정성껏 애지중지 키워 온 아이가 중학교 2학년이 되면서부터 속을 썩이기 시작했다. 하라는 공부는 하지 않고 친구들과 어울려 밖으로 나도는가 싶더니 집에 들어오는 시간이 점점 늦어지고 부모의 애간장을 녹이는 날들이 많아졌다. 중학교 1학년까지만 해도 모범생에 착하고 말 잘 듣던 아들의 변해 가는 모습을 보면서 한숨을 쉬고 안타까워했지만 속수무책으로 아이는 부모의 통제권을 벗어나고 있었다. 야단도 쳐 보고 달래도 보았지만 아이의 행동은 고쳐지지 않았고 점점 부모를 멀리하려고만 하니 계속 같은 방법을 쓸 수도 없고 답답한 노릇이었다.

초등학교에 다닐 때는 학급 간부, 학생회장을 맡으며 선생님의 인정을 한 몸에 받다시피 했고 아이 덕에 엄마는 어깨를 활짝 펴고 다니기도 했다. 교내, 외에서 여러 가지 상도 받으면서 부모에게 기대를 한껏 안겨 준 아이였다. 권씨는 그때를 생각하면 꿈같기도 하고 변해 버린 처지가 너무나 비참하게도 느껴졌다.

학교 성적이 떨어지는 것이 속상해서 어쨌든 성적을 올려 보려고 과외를 시키고 공부하라고 채근했더니 과외 교사가 집에 오는 날은 영락없이 늦게 들어와서 선생님을 허탕 치게 만들었다. 고등학교 2학년이 되면서 불량한 친구들과 어울려 다니는 것 같고 아예 공부하기를 거부하곤 했다.

이즈음 어느 날인가 아들이 오토바이가 갖고 싶으니 사 달라고 했다. 권씨는 기가 막혔다. 지금까지 오토바이를 타고 다니는 청소년들을 보면서 사고가 날 것 같아 조마조마했지만 그래도 남의 일이라고 생각했던 게 바로 자신의 일로 닥쳤으니까 말이다. 아이가 밖에서 하고 다니는 일을 믿을 수도 없는데 오토바이처럼 위험한 물건을 사 줄 수는 없다고 생각했다. 그래서 권씨 부부는 아이에게 오토바이를 사 줄 수 없다고 강력하게 이야기했다. 권씨는 아이가 오토바이를 사는 것을 포기하게 만들려고 온갖 방법을 다 썼다. 오토바이가 얼마나 위험한지 말했고 사고가 많이 날 뿐만 아니라 승용차와 달리 사고가 나면 사망으로 이어지는 점 등 알고 있는 모든 지식과 방법을 동원하여 설득하려고 애를 썼지만 헛수고였다. 아이는 귀담아들으려고 하지도 않았고 엄마의 생각에 동의하지도 않았다.

상대방이 들을 준비가 되어 있지 않을 때는 나의 생각을 전하는 어떠한 말도 의사소통의 걸림돌이 된다. 이런 상황에서 하는 말은 오히려 의사소통을 방해하기 때문에 먼저 상대방이 내 말을 들을 준비를 하도록 도와줄 필요가 있다. 도와주는 방법은 상대방의 감정을 수용하고 공감하려고 노력하는 것이다. 즉 '반영적 경청'을 먼저 해서 감정의 물꼬를 트고 감정의 수위를 낮춰서 지적 능력(사고력)을 회복하도록 도와준 다음 내가 전달하고 싶은 말을 하는 것이 효과적이다.

아이는 오히려 엄마를 설득하려고 했다.
"엄마, 인명은 재천이에요. 내 생명은 내 손에도 엄마 손에도 달려 있지 않다고요. 오토바이를 타든 안 타든 내 명대로 살 테니까 엄마는 이제 포기하세요."
권씨는 더 이상 아이에게 어떤 말도 통하지 않는다고 느꼈다.

그렇다면 이러한 문제에서 '반영적 경청'을 하면 엄마가 원하는 대로 문제를 해결할 수 있을지 의문이 생길 수 있다. "너는 정말 오토바이를 타고 신나게 다니고 싶구나"라고 말해 아이의 마음을 읽어 준다고 해서 아이가 오토바이 사기를 포기하지는 않을 것이다. 왜냐하면

‘반영적 경청’은 문제를 해결하는 데 초점을 맞추는 방법이 아니기 때문이다. 상대방의 욕구가 강할 때는 ‘반영적 경청’만으로 쉽게 문제가 해결되지 않는다는 것은 이미 앞에서 확인한 바 있다.

그러나 반영적 경청으로 문제가 모두 해결되지는 않겠지만 자신의 마음을 이해받았다고 생각하는 아이는 엄마의 의견을 좀 더 귀 기울여 듣기는 할 것이다. 그래서 서로 생각을 진지하게 나눌 수 있게 된다면 문제 해결에 한 걸음 다가갈 수 있을 것이다.

아이는 끝까지 오토바이 구입을 포기하지 않았고 돈을 모아서 자기 힘으로 사겠다고 했다.

이쯤에서 또 이론에 접목시켜 보자. 아이가 엄마(부모) 돈으로 오토바이를 사 달라고 할 때는 ‘욕구 갈등’이 된다. 엄마가 아이에게 오토바이를 사 주려면 돈을 써야 하고 그러면 그 돈만큼은 엄마가 다른 용도로 쓸 수 없기 때문이다. 즉 아이가 오토바이를 사 달라고 하는 행동이 직접적으로 엄마에게 영향을 미치는 것이다.

그런데 아이는 스스로 돈을 벌어서 자신의 힘으로 오토바이를 사겠다고 했다. 이렇게 되면 문제는 ‘욕구 갈등’에서 ‘가치관 갈등’으로 변하게 된다. 엄마에게 직접적으로 미치는 영향이 없기 때문이다. 물론 간접적이거나 정신적인 영향이 전혀 없는 것은 아니지만 아이가 그것을 대수롭지 않게 생각하고 영향으로 인정하지 않을 때는 ‘욕구 갈등’ 문제로 다룰 수 없다. 대체로 자녀가 어릴 때는 많은 문제를 ‘욕구 갈등’으로 보고 풀어 나갈 수 있지만 자녀가 성장하면서 문제들이 ‘가치관 갈등’으로 바뀌어 해결하기가 더 어려워진다.

부모가 반대해도 아이는 고집을 꺾지 않았고 할 수 없이 아이와 타협을 하게 되었다. 돈을 모아서 사는 것은 허락하되 고등학교 졸업할 때까지는 사지 않고 졸업 후에 사기로 합의했다. 엄마 입장에서는 우선 시간이라도 벌자는 고육지책이었고, 오토바이 구입 자체가 싫었지만 어쩔 수 없이 합의를 한 것이다. 그것마저도 허락하지 않으면 아이가 더 위험한 행동을 할지도 모른다는 두려움이 앞섰기 때문이기도 했다. 그 이후로 아들은 할머니와 할아버지께 받은 용돈을 차곡차곡 모으기 시작했다.

이제 권씨는 아이에게 공부를 열심히 하라고 하는 것은 아무런 의미가 없는 일이라고 생각하게 되었다. 공부보다 더 중요한 것은 아이가 건전하게 생활하는 것이었고, 부모와 관계가 나빠지는 것은 막아야겠다고 생각했다. 그래서 과외도 끊고 공부하라는 말은 하지 않기로 작정하고 힘겹게 실천 했다. 그 후 아이의 귀가 시간이 빨라졌고 엄마와의 관계가 차츰 회복되었다.

그렇지만 성적은 바닥권이어서 웬만한 대학에도 가기를 기대하기 어려웠고 고등학교라도 무사히 졸업하는 것이 목표였다. 아들은 2학년 겨울방학에 아르바이트를 해서 돈을 벌고 또 용돈을 아껴 3학년이 될 무렵 오토바이 살 돈을 모았다. 그 이후로 엄마에게 오토바이를 빨리 사고 싶다고 자주 말했지만, 졸업할 때까지 기다리기로 한 약속은 지키겠다고 했다. 권씨는 머지않아 닥칠 상황 때문에 마음이 불편했다.

그나마 다행스러운 것은 오토바이 사는 것 외에 다른 걱정거리는 만들지 않았고, 공부하라는 잔소리를 하지 않으니까 오히려 3학년이 된 후에는 조금씩 공부를 하기 시작했다. 3학년 여름방학 무렵 1학기 말 성적이 나왔을 때는 2학년 때보다 제법 향상되었고, 대학을 갈 수 있다는 희망이 생겼다. 그 무렵 권씨는 부모역할훈련 프로그램 모임에 참석하게 되었다.

부모역할훈련 프로그램의 목표는 네 가지로 요약할 수 있는데,
첫째, 자존감을 높여 주고
둘째, 좋은 관계를 유지하고
셋째, 바람직한 행동 변화를 돕고
넷째, 상호 성장의 계기로 삼는 것이다.
행동을 변화시키는 것보다 더 중요한 것이 아이가 자존감에 상처를 입지 않도록 조심하면서 서로 좋은 관계를 만들고 유지하는 것이다. 그러면 자연스럽게 행동이 서서히 변화될 것이고 따라서 상호 성장하는 계기가 만들어질 것이다.

권씨는 아이의 자존감을 높여 주고 관계를 개선하는 데 초점을 맞추어 배운 내용들을 열심히 실천했다. 다 큰 아이의 엉덩이를 툭툭 치면서 자주 스킨십을 하고, "우리 아들 사랑해"라고 말하면서 눈을 맞추곤 했다. 공부할 때는 공부하는 모습이 보기 좋고 자랑스럽다고 말하면서 아이에게 관심을 보여 주었다. 아이의 좋은 행동은 놓치지 않고 찾아서 "밥 맛있게 먹으니까 엄마는 참 기분이 좋아" "아침에 일찍 일어나니까 하루 시작이 상쾌하구나" "우리 아들 듬직한 모습이 참 보기

좋은걸” 등으로 알아주는 말을 하려고 노력했다.

마음에 들지 않는 행동은 한발 물러서서 보려 애썼고 아이 편에서 이해하려고 노력했다. 그랬더니 잔소리는 자연스럽게 줄어들 수밖에 없었다. 그리고 아이가 불편한 것 같으면 마음을 읽어 주려고 지속적인 시도를 해 나갔다.

“공부하기가 힘든가 보구나” “오늘은 밖에서 언짢은 일이 있었나 봐” “아침에 일찍 일어나니 피곤하지” 등으로 말해서 권씨와 아이는 더욱더 마음이 잘 통하는 관계로 발전해 갔다.

그러면서 놀랍게도 아이의 성적이 계속해서 상승 행진을 했다. 노력이 헛되지 않은 것이다.

이런 가운데도 아이는 가끔 오토바이 이야기를 꺼냈다. “오토바이 살 날이 멀지 않았다” “오토바이를 살 날이 빨리 왔으면 좋겠다” “무슨 일이 있어도 오토바이는 살 거야” “내 오토바이가 생기면 신 나겠다”고 하여서 권씨를 심란하게 하였다. 그렇지만 권씨는 예전처럼 아이를 설득해서 포기하게 만들려고 하지는 않았다. 가끔은 졸업할 날이 다가오는 것이 두렵기도 했지만 그냥 시간에 맡기기로 하고 초조해하지 않으려 노력했다.

그리고 아이가 오토바이 이야기를 꺼낼 때면 ‘반영적 경청’과 ‘나-전달법’으로 말했다. “오토바이 살 날이 많이 기다려지나 보다” “오토바이 살 생각만 해도 기분이 좋은가 보구나” “오토바이가 정말 갖고 싶구나”와 같이 되도록 ‘반영적 경청’으로 먼저 말하고 그다음에 ‘나-전달법’으로 말했다. “엄마는 오토바이 생각만 해도 마음이 조마조마하단다”“네가 오토바이 타고 다닐 생각을 하면 엄마는 자다가도 벌떡 일어나게 돼. 자꾸만 위험한 상황이 어른거리거든”“엄마는 정말 네가 오토바이를 사는 게 걱정스럽다. 아마 네가 오토바이 타고 다니면 한시도 마음 편히 있지 못할 것 같아”와 같이 그때그때 마음에서 우러나는 정직한 마음을 ‘나-전달법’으로 전했다. 물론 아이가 잔소리로 느끼지 않도록 한두 마디로 끝냈다. ‘나-전달법’을 너무 많이 하면 아이가 지겨워할 것이므로.

엄마의 ‘나-전달법’을 통해 메시지를 들은 아이는 때로 더 이상 말이 없기도 했고, 가끔은 “엄마, 나한테 포기하라고 하지 마세요”라거나 “엄마, 난 꼭 오토바이를 살 거예요”라고 자신의 의지를 드러내곤 했다.

오토바이 문제를 여전히 안은 채 몇 달이 지나가고 대학 입시 기간이 되었다. 아이는 향상된 성적 덕분에 과 차석이라는 좋은 성적으로 합격했다. 1년 전만 해도 대학 입학은 기대하지 못했고 고등학교라도 무사히 졸업하기를 바랐던 아이였다. 3학년 1학기에 공부를 시작했을 때도 잘하면 대학에는 갈 수 있으리라 생각했지만 우수한 성적으로 합격을 하리라고는 전혀 예상하지 못했다.

합격 사실을 알고 집안은 경사 분위기로 들떠 있었지만 권씨는 아이가 졸업과 동시에 오토바이를 살 것이라는 생각을 하니 가슴이 답답했다. 그렇다고 섣불리 아이에게 먼저 말을 꺼낼 용기도 없고 해서 벙어리 냉가슴 앓듯 아이 눈치만 보았다. 부모와 한 약속을 지키느라, 특히 아버지가 고등학교 졸업 때까지는 절대로 안 된다고 한 엄명을 어길 수 없어서 여태까지는 참았지만 이제는 떳떳하게 스스로 모아 둔 돈으로 오토바이를 사려고 할 것이 자명했기 때문이다.

그런데 합격의 기쁨이 채 가라앉지 않은 어느 날 아침 정말 기적 같은 일이 일어났다. 생각해 보니 바로 전날 밤에 특별한 일이 있었다. 권씨는 아이 방에 가서 침대에 같이 누워서 참 많은 이야기를 했다. 어렸을 때 사랑스러웠던 이야기, 초등학교 다닐 때 자랑스러웠던 마음, 중학교 이후로 속상했던 일, 그러다 다시 공부하면서 대견스러웠던 마음, 그리고 이제 대학생이 될 아이에 대한 엄마의 사랑을 전하는 등 아이와 흐뭇하고 행복한 시간을 보낸 것이다. 아이도 엄마도 그날 밤 오토바이에 대한 이야기는 하지 않았다. 아마 두 사람 모두 의식적으로 그 이야기는 피했는지도 모른다.

그날 아침 남편, 아이와 함께 식탁에 앉아 식사를 시작하려는 참이었다.

"엄마."

"응."

"나, 엄마한테 할 말 있어요."

"그러니? 무슨 얘긴데?"

"엄마, 오토바이 말인데요……."

'아하, 드디어 그날이 왔구나.' 권씨는 마음이 무거워지는 것을 느끼면서 아이의 말을 들었다.

"오토바이 안 사기로 결정했어요."

"어, 뭐라고?"

"오토바이 안 산다고요. 많이 생각하고 결정한 거예요."

남편도 너무나 의외라는 듯 아이를 멍하니 바라보기만 했다.

"어떻게 그런 생각을 하게 됐니?"

"며칠 동안 생각했는데요, 내가 오토바이 사서 타고 다니면 정말 불효하는 거잖아요. 그러면 엄마는 잠도 못 자고 걱정하실 테고, 내가 집에 없으면 불안해하실 거잖아요."

남편과 권씨는 할 말을 찾지 못한 채 아이 말만 듣고 있었다.

"엄마, 지금은 오토바이 안 사고요. 몇 년 더 있다가 엄마가 불안해하지 않으면 돈을 더 모아서 좋은 것 사든지 승용차를 사려고요."

'그래, 아직은 미련을 완전히 버리지 못했구나. 그럴 테지. 얼마나 별러 온 오토바이인데. 하지만 아이야, 고맙다. 아마 시간이 지나면 오토바이에 대한 너의 집착도 지금보다 더 옅어지겠지. 그러면 그때는 승용차를 사도록 하자꾸나.'

권씨는 마음속으로 되뇌어 보고 말했다.

"그래, 그러자꾸나, 고맙다. 정말 고맙다."

이렇게 해서 2년여에 걸친 문제는 뜻밖의 해결점을 찾았다.


이상의 사례는 '욕구 갈등'이 '가치관 갈등'으로 바뀐 문제인데, 권씨는 긴 시간 동안 '반영적 경청'과 '나-전달법'으로 이 문제를 다루었다. 감정적으로 아들의 마음을 수용할 수 있을 때는 '반영적 경청'을 했고, 오토바이 사는 것을 수용할 수 없어서 불편해질 때는 '나-전달법'으로 대처를 했다. 부모역할훈련 프로그램을 수강하고 대화법을 변화시킨 지 반년여가 지난 후 드디어 아이는 자신의 가치관을 바꾸고 어머니를 돕기로 한 것이다.

두 달 정도의 공부 모임이 끝난 후 엄마들끼리 매월 후속 모임을 하고 반년이 지났을 무렵 필자와 함께하는 모임에서 발표한 사례다. 이야기를 하던 엄마도 듣고 있던 다른 엄마들도 함께 눈물을 흘린 감동적인 성공 사례였다.

이처럼 문제 하나를 해결하기 위해서는 긴 시간과 꾸준한 노력을 들여야 한다.


## 가치관 차이, 이렇게 풀어 보자

사람들이 자신의 삶의 질을 높여 준다고 믿는 것들에 대한 근본적인 태도를 '가치관'이라고 한다. 가치관은 자유, 사랑, 믿음에 관한 것처럼 추상적인 것도 있고, 음식이나 옷, 돈에 관한 것과 같이 구체적인 것도 있다. 이러한 가치관은 사람마다 달라서 부모 자녀 관계를 포함한 인간관계에서 갈등 요인으로 작용하게 된다. 많은 부모들은 자신의 가치관이 자녀들의 삶에 도움을 줄 것이라는 것을 믿기에 자녀가 자기의 가치관을 받아들이기를 원한다.

고든에 따르면, 자녀는 부모의 가치관을 본받아서 90% 이상이 같거나 유사하다고 한다. 어려서부터 부모와 가까이서 생활하면서 알게 모르게 보고 배운 여러 가지 생활양식이 놀라울 만큼 일치한다. 이러한 것을 모델 학습(Modeling)이라고 할 수 있다. 그렇지만 완전히 일치하지 않는 가치관이나 특별히 다른 가치관이 있을 수 있고 이러한 것들은 부모 자녀 관계에서 갈등을 일으키는 요인으로 작용한다.

오늘날 자녀들은 가족 외의 모델을 일찍부터 많이 만난다. TV에 등장하는 연예인들이 그렇고, 조기교육을 받으면서 만나게 되는 교사나 그 밖의 여러 사람들이 부모와 다른 모델로 작용하여 자녀들의 가치관 형성에 영향을 미친다.

따라서 성장한 자녀들은 부모와 다른 가치관을 갖게 된다. 이렇게 생긴 가치관 문제에 대처하는 방법을 사례를 통해서 알아보도록 하겠다.

## 잔소리만으로는
## 아이를 설득할 수 없다

### 용돈을 마구 쓰는 아이

주부 한씨는 중학교 3학년 딸아이가 용돈을 다 털어서 크리스마스 카드를 50장이나 사 온 것을 보고 못마땅했다. 용돈을 단숨에 다 써 버린 것도 못마땅한데 거기다 한술 더 떠서 아이는 카드 한 장 한 장 마다 깨알같이 정성을 들여 사연을 쓰고 있었다. 저럴 시간에 공부를 하면 얼마나 좋을까 하고 생각하니 슬그머니 화가 났다. 그렇다고 다 큰 아이인데 못하게 뺏을 수도 없고 공부하라고 야단친다고 말을 들을 것 같지도 않아서 벙어리 냉가슴 앓듯 보고만 있었다.

이럴 때는 어떻게 하는 것이 적절한 방법인지 생각해 보자.

먼저 카드를 50장 사 온 문제에 대해서 생각해 보면, 딸은 자신의 용돈으로 카드를 샀고, 엄마에게 손을 벌리지 않았다. 수용하고 싶지 않은 딸의 행동이 엄마에게 구체적으로 영향을 끼치지 않았으므로 '가치관 대립'으로 볼 수 있다. 솔직하게 문제에 직면해서 "엄마는 네가 카드를 50장씩 사면서 용돈을 다 쓰는 게 못마땅하단다"라는 말로 엄마의 마음을 전달하는 것이 문제를 회피하거나 무작정 참는 것보다는 이점이 많다. 마음을 터놓으면 엄마의 부정적인 감정이 사라지고 편해질 수도 있고, 아이가 엄마의 마음을 더욱 확실하게 이해할 수도 있다. 의사소통을 통해서 서로를 알리고 이해하는 것은 문제를 풀기 위한 필수 과정이기도 하다.

그렇지만 가치관이 대립된 문제에서 이렇게 '나−전달법'을 사용한다고 바로 행동을 수정하기는 어렵다. 서로 견해가 다른 문제일 뿐 상대방에게 피해를 준다고는 생각하지 않기 때문이다. 따라서 엄마의 말을 들은 아이가 "엄마, 걱정 마세요. 내 돈으로 샀는데 엄마가 무슨 상관이에요. 용돈 더 달라고 하지 않을게요"라고 말할 수도 있다. 아이가 용돈을 잘 관리할 것이라는 믿음이 있다면 다행이지만 그렇지 않다면 "다음 달 용돈을 주기 전에 미리 달라고 할까 봐 걱정된다"라고 한번 더 엄마의 마음을 확실히 전하고 싶을 것이다. 또 카드를 50장이나 사는 데 든 카드 값 외에도 종이를 만들기 위해 나무를 잘라내는 자연

훼손에 대해서도 이야기하고 싶을 수 있다.

그러나 이러한 문제에 어설프게 대처했다가는 오히려 문제가 악화될 수 있다. 우선 두 사람이 감정적으로 평온한 상태에서 이야기하는 것이 바람직하므로 누군가 기분이 나쁘거나 화가 났을 때는 피하는 것이 좋다. 아이가 엄마 말에 거부감 없이 귀 기울일 수 있을 때 말해야 한다. 즉 딸이 엄마를 상담자로 인정하고 고용(Get hired)해야 하는 것이다. 그리고 엄마는 적당히 알고 있는 상식으로 "낭비다. 자연파괴다"라고 이야기해서는 설득력이 부족하다. 그러므로 전문 서적을 찾아보고 충분히 준비해서 공인된 자료를 제공하면서 이야기하는 것이 좋다. 한 가지 더 주의할 점은 준비된 자료를 가지고 적당한 때 말을 하되 반복해서 이야기하지 않아야 한다는 것이다. 같은 말을 거듭하면 잔소리로 들릴 것이고, 그러면 자녀는 엄마가 자신을 믿지 않는다는 느낌을 받기 때문에 역효과를 내게 된다.

이렇게 대처하는 것은 컨설팅(Consulting, 상담 자문하기)에 해당하는데, 세 가지 조건을 다시 한 번 짚어 보면, 자녀에게 고용되어야 하고, 전문가가 되어야 하고, 잔소리를 하지 않아야 한다. 이는 부모들에게는 참 어려운 요구이기도 하다.

다시 앞의 사례로 돌아가 엄마가 어떻게 대처하는 게 좋을지 생각해 보자. 카드를 엄마가 써 주는 것도 아니고 공부를 하는 것도 딸 자신의 일이기 때문에 이 역시 '욕구 대립'은 아니고 '가치관 대립'이라고 할 수 있다. 그래도 엄마의 마음은 일단 전하는 것이 좋다.

"50장이나 되는 카드를 쓰느라고 공부할 시간을 다 뺏길 것 같은데 카드 만지고 있는 걸 보기가 참 답답하다.”

그래서 딸이 엄마의 마음을 이해한다면 그다음으로 어떻게 행동을 수정할 것인지는 딸의 몫이다.

가치관이 대립된 문제에서 부모가 컨설팅을 하여 자녀가 행동을 수정할 수도 있고 그러지 않을 수도 있다. 부모는 컨설팅 하는 것으로 최선을 다했기 때문에 자녀가 자신의 가치관을 바꾸려고 하지 않을 때는 자녀의 가치관을 수용하거나 부모 자신의 가치관을 수정하는 것이 바람직하다. 가치관 갈등에서 부모가 힘을 행사하는 일은 아주 불가피한 경우(예컨대 마약을 복용하거나 알코올중독이 되는 등 자신의 의지로 행동을 바꿀 수 없는 경우 등)를 제외하고는 피해야 한다. 부모가 힘을 사용하면 할수록 자녀는 부모의 영향권에서 멀리 달아나려고 할 것이기 때문이다.

# 현명한 부모는 말보다
# 행동으로 보여 준다

생활 속에서 터득하는 배움
'모델 학습'

## 담배를 피우는 아이

필자의 성인이 된 아들은 담배를 피우지 않는다. 아이가 고등학생 때였다. 많은 학생들이 담배를 피운다고 하기에 물어보았다.

"넌 담배 피우고 싶은 생각이 들지 않니?"

그랬더니 아이가 이렇게 대답하는 게 아닌가.

"엄마, 그 지저분한 걸 왜 피워요?"

담배 피우는 것을 지저분하다고 표현하는 아이의 말을 들으면서 참 놀랍다고 생각했다. 가르치려고 하지 않아도 저절로 가르치게 되고, 배우려고 하지 않아도 저절로 배우게 되는 것이 생활 속 학습인 것 같다. 그래서 자녀들은 부모의 모습을 빼닮은 생활을 하는 것 같다.

남편도 담배를 피우지 않는다. 뿐만 아니라 담배 연기나 담뱃재 등을 싫어해서 집에 손님이 와서 담배를 피우고 가면 얼른 창문을 열어 담배 연기를 몰아내고 제일 먼저 재떨이를 치우곤 했다. 그러면서 "이 지저분한 것을 왜 피우는지 모르겠어"라고 말하곤 했다. 아이는 어려서부터 자연스럽게 보고 들으면서 배운 것이다. 남편이나 나는 특별히 의도적으로 담배가 해롭다거나 아이에게 피우지 말라고 교육한 기억이 없다.

필자의 친정아버지께서는 젊어서 애연가였다. 담배를 즐겨 피우시면서 건강에 점점 나쁜 영향이 미치는 것을 알게 되셨으나 끊지 못한 채 다섯 아들에게 담배를 피우지 말라고 간곡하게 충고하고 설득하시곤 했다. 그럴 때마다 아들들은 말을 알아듣는 것처럼 보였다. 그래서 담배를 피우지 않을 줄 알았다. 그러나 다섯 아들 중 담배를 피우지 않은 아들은 결국 한 명도 없었다. 생활로 가르치는 교육과 말로 가르치는 교육의 차이가 얼마나 큰지를 보여 주는 일례다.

그 후 아버지께서는 건강이 나빠져서 담배를 끊으셨다. 그때는 이미 아들들이 장성한 후였다. 그리고 30년이 지난 지금까지 피우지 않으셨다.

아버지의 30년이 넘는 세월 동안의 금연은 새로운 모델로 아들들에게 영향을 미쳤고, 다섯 아들 중 셋이 담배를 끊었다.


이와 같은 부모의 모델 학습 효과는 우리 주위에서 흔히 찾아볼 수 있다. 담배를 피우는 것처럼 구체적으로 눈에 보이는 문제든, 정직하고 예의 바른 것과 같은 추상적인 문제든 부모의 모델 효과는 지대하다고 할 수 있다.

부모가 담배를 피우지 않는 것이 자녀가 담배를 피우지 않도록 하는 가장 강력한 교육이고, 부모가 정직한 모습을 보이는 것이 자녀에게 정직하라고 말로 가르치는 것보다 훨씬 효과적인 교육이다. 그러나 모델 학습은 의도적으로 할 수 있는 것이라기보다는 자연스럽게, 저절로 되는 교육이며, 단시간에 되는 것이 아니고 긴 시간에 걸쳐 이루어지는 것이다. 따라서 가치관 대립을 인식한 후에 모델 학습을 하려고 하기보다는 예방적인 차원에서 문제가 생기기 전에 좋은 관계에서, 생활 속에서 이루어져야 할 것이다.

부모와 자녀의 인생은
다르다

## 아들의 진로 문제로 고민하는 엄마

강씨는 고등학교 3학년이 된 아들과 진로 문제로 갈등을 빚었다. 아이는 성적이 우수하고 착실하게 진학 준비를 해 온 모범생이다. 고등학교 2학년까지만 해도 법과대학에 진학하여 법관이 되겠다고 했고, 그런 아이가 대견하고 자랑스러웠다. 그런데 고등학교 3학년이 되면서 진로를 바꿔 강씨가 전혀 예상치 못한 연극영화과에 가겠다고 했다.

법관이 된 아들을 상상하며 행복해하던 강씨는 그 꿈이 깨어지는 것이 너무 속상해서 아이의 생각을 도저히 받아들일 수 없었다. 그래서 아이를 설득하기 위해 갖은 노력을 다 기울였다. 법관의 사회적 지위를 누누이 설명했고, 안정된 생활의 중요성을 간절히 얘기했고, 자신의 기대와 친척들의 기대도 열심히 말했다. 하지만 어떠한 말도 아이의 생각을 바꾸기에는 역부족이었다. 그렇다고 자신의 꿈을 접고 아이의 생각을 수용하고 싶은 마음은 전혀 없었기에 강씨에게는 하루하루가 불행 그 자체였다.

강씨는 아이와 대화가 통하지 않자 자신의 뜻을 관철할 새로운 방법을 찾고자 부모역할훈련 프로그램에 참석하게 되었다. 한 번, 두 번 모임 횟수가 늘어나면서 아이의 마음을 헤아리는 여유가 생겼고, 틀렸다고만 느꼈던 아이의 생각이 틀린 것이 아니라 자신과 다를 뿐임을 깨닫게 되었다. 그러면서 일방적으로 얘기하던 태도를 바꾸어서 아이의 말을 귀 기울여 듣게 되었다. 그랬더니 아이는 자신의 생각을 조목조목 얘기했고 꿈과 의지를 피력해 나갔다.

연극영화과에 진학해서 영화를 공부하고 영화감독이 되어서 창의적으로 창조하는 삶을 살겠다고 했다. 그렇게 살아갈 자신의 모습을 그려 보면 행복해진다고 했다. 또 법대에 가서 사법고시 공부를 하고 법관이 된 다음에도 법전과 씨름하며 사는 것은 자신이 원하는 모습이 아니라고도 했다.

강씨는 아이의 얘기를 들으며 자신의 꿈을 접고 마음을 비워 가는 노력을 했다. '아들의 인생은 아들의 것이구나.' 부모로서 거듭나는 마음으로 아이를 독립시키고 자신도 똑바로 서려고 노력했다. 차츰차츰 마음이 편안해졌고, 아이는 신 나게 자신의 길을 가고 있었다. 연극영화과 입학을 위한 공부를 향해…….

만일 강씨가 아이를 믿지 못하고 자신의 가치관이 옳다고 자신을 따르도록 아이에게 계속 강요했다면 어떻게 되었을까? 아이는 어머니와 가치관 대립을 벌이며 불편한 감정 때문에 어느 것도 효과적으로 이루지 못하고 시간 낭비만 했을지도 모른다. 더 나쁜 상황을 생각해 본다면 팽팽한 가치관 대립이 서로에게 상처를 줘 더 많은 것을 잃어버렸을 수도 있다. 다행히도 강씨는 아이를 독립된 인격체로 존중하면서 객관적으로 볼 수 있었고, 아이의 가치관을 수용하고 자신의 가치관을 수정하는 지혜로운 어머니가 되기를 선택한 것이다.

자녀의 진로 문제에서 항상 자녀 뜻을 따르고 부모의 생각을 고쳐야 한다고는 할 수 없다. 자녀가 아직 미숙하여 자신의 적성을 제대로 파악하지 못했거나 직업관이 분명치 않을 경우에는 자녀의 생각을 수정할 수 있도록 부모는 최선의 노력을 다해 상담, 자문해야 한다.

지금까지 부모 자녀 사이에 가치관이 대립되었을 때 대처하는 방법을 몇 가지 사례를 통해 알아보았다.

가치관은 자신의 삶을 위한 개인적인 선택이므로 자녀를 존중하는 마음으로 가능하면 수용하는 것이 좋다. 그리고 모델 학습을 해서 부모를 닮도록 하고 부득이 수용할 수 없는 가치관 문제에 대해서는 컨설팅을 하여 자녀의 가치관을 변화시키도록 노력할 수 있다. 그래도 변화되지 않는 자녀의 가치관은 부모가 수용하고 부모 자신의 가치관을 수정할 수밖에 없다. 어쩌면 좋은 부모가 되는 길은 부모 자신이 인격적으로 수양하는 길과 같을 것이다.

## 자문하기의 중요성

1989년 부모역할훈련 강사 교육을 받을 때의 일이다. 미국 '토머스고든연구소'에서 온 국제 강사 트레이너인 랠프 선생님에 관한 이야기다. 당시 60대 초반이던 선생님은 참 멋있는 분이셨다. 22년간 강사로 활동하면서 강의 내용이 몸에 배어서 자연스럽게 우러나오는 것 같았다. 참으로 온화한 미소와 따뜻한 분위기, 신사적이고 사람을 편하게 해 주는 태도, 거기다 부드러운 목소리, 또박또박한 발음 등 모든 것이 좋은 강사의 모델이었다. 교육을 받는 동안 본받으려 했고 부럽기도 했다. 태어날 때부터 좋은 강사의 자질을 갖춘 것으로 보이기도 했다. 그 이후 강사 역할을 계속하면서 꾸준히 노력하면 차츰 랠프 선생님을 닮아 갈 수 있다는 생각이 들었다.

아이들은 커 가면서 부모의 바람과는 다른 행동을 하기도 한다. 그런데 그 행동이 부모에게 직접적인 피해나 영향을 끼치지 않는 것일 때는 가르치고 지도하는 것이 더욱 어렵다. 아이가 부모와 다른 가치

기준을 갖게 되면서 부모와 대립할 때 바람직한 해결 방법은 부모가 아이의 자문역(컨설턴트)이 되는 것이다. 교육 중에 들은 선생님이 자신의 아들에게 자문(컨설팅)한 사례를 소개하려고 한다.

## 마약을 피운 아이

어느 날 사춘기가 된 아들이 친구들과 마리화나를 피운 것을 알게 되었다. 우리나라 아이들에 비해 미국 아이들은 더 쉽게 마약에 노출되는 것이 현실이기도 하다. 그렇다고 아이가 마약을 가까이하는 것을 부모가 그대로 방치할 수는 없었다. 선생님은 그 사실을 알게 된 후 자신이 마약 전문가가 되었다고 했다.

상식적인 이야기만으로 어설프게 아이에게 훈계하는 것은 효과가 없다는 것을 알기 때문이었다. 부모의 권위나 강압으로 금지하는 것도 역시 효과가 없다. 부모 앞에서는 하지 않고 부모가 보지 않는 데서 할 수 있기 때문이다. 행동을 통제하는 것은 스스로 할 때 효과가 있다. 다른 사람이 통제하는 것은 일시적이고 한시적인 효과만 있을 뿐이다. 다른 사람의 통제가 없을 때는 자신이 원하는 대로 한다. 다른 사람의 행동은 통제할 수 있어도 마음은 통제할 수 없기 때문이다. 스스로 하는 통제를 '내부 통제', 다른 사람에 의한 통제를 '외부 통제'라고 한다. 내부 통제력을 높이는 것은 능력 있는 사람이 되기 위한 길이기도 하다.

아이의 잘못을 질책하거나 훈계하려고 하면 아이는 마음을 열고 부모의 자문을 받아들이지 않는다.

"네가 친구들과 마리화나를 한 것을 아빠가 알게 되었단다. 아빠는 너를 돕기 위해서 자료를 찾아보고 준비하면서 아빠도 많은 것을 알게 되었다. 같이 보면서 생각해 보자."

충분히 대화할 수 있는 시간과 장소를 선택해서 참고 자료를 제시하고 아빠의 마음을 전달하는 것으로 자문을 시작했다.

우리나라의 많은 부모들이 아이에게 자문을 하는 것이 불가능하거나 어렵다고 생각한다. 권위적으로 지시하거나 훈계하면서 군림해 오던 관계를 상호 존중하는 관계로 바꾸는 것이 쉽지 않기 때문이다. 부모가 뜻을 갖고 변화를 시도해도 아이는 부모의 변화를 믿어 주지 않는다. 또 부모의 변화를 받아들인다고 해도 오랫동안 쌓아 온 불편한 관계를 하루아침에 개선할 수는 없다. 아이가 성장하면서 꼭 필요한 자문역을 잘하기 위해서는 꾸준히 신뢰하는 좋은 관계를 유지해야 한다. 자문역은 상호 좋은 관계를 전제로 하기 때문이다.

랠프 선생님은 아이에게 자문을 잘해 주었다. 마약이 왜 나쁜지, 어떻게 해로운지를 이해하게 된 아이는 아빠 앞에서 반성했고, 친구들의 유혹에 다시는 빠지지 않겠다고 약속했다. 선생님은 자신의 자문에 만족했고 아이의 약속을 굳게 믿었다.

그런데 어느 날 아이가 약속을 지키지 않은 것을 알게 되었다. 선생님은 어떻게 해야 할지 많이 고민했다. 약속을 지키지 않은 아이의 잘못을 질책하는 것은 또 다른 문제를 만들 수 있다. 야단맞은 것으로 잘못이 상쇄되어 버리기 때문에 아이에게 면죄부를 주는 결과가 되어 아이 스스로 반성하도록 하는 데 효과가 없다. 다시 한 번 자문을 할까 생각했지만 똑같은 자료로 반복해서 이야기하는 것은 잔소리가 되기 때문에 아이에게 못 믿는 마음을 전달하는 것이 된다. 아빠로서 할 수 있는 충분한 자문은 이미 다 했기 때문에 더는 그 역할을 하지 않기로 했다. 아이에게 맡기고 좀 더 기다리기로 했다. 그리고 상당한 시간이 흐른 후 아이가 마약과 확실히 멀어진 것을 알았다.

아빠는 아이가 실수한 것을 알았지만 믿고 기다렸다고 말했다. 아이는 어쩔 수 없는 상황에서 친구들의 유혹에 빠졌고, 그 일 때문에 많이 괴로워했으며 아빠와 약속을 지키지 못한 것을 반성했다고 했다. 그 이후로 약속을 지키기 위해 노력하고 있고 앞으로는 절대 어떠한 유혹에도 빠지지 않을 것이라고 했다.


랠프 선생님의 사례를 통해 잔소리를 하지 않는 것이 얼마나 중요한지를 배웠다. 아이가 잘못된 행동을 단번에 고치는 일은 드물다. 대체로 실수하는 일이 줄어들면서 차츰 좋은 행동으로 바뀌게 된다. 그런데 조급한 부모는 기다리기가 어렵다. 참지 못하고 잔소리를 해서 아이의 행동이 좋아지다가 다시 나쁜 쪽으로 바뀌는 경우가 많다.

부모가 아이에게 컨설팅을 하기 위해서는 세 가지 조건을 갖추어야 한다. 첫째, 아이가 부모를 자문역으로 받아들여야 하고, 둘째, 그 문제에 관해 전문가가 되기 위해 자료를 수집하고 공부해야 한다. 그리고 셋째, 같은 말을 반복하는 잔소리를 하지 말아야 한다.

# 5

# 부모 노릇도
# 훈련이
# 필요하다

우리의 삶에서 부모 역할만큼 소중하고 중요한 것이 또 있을까?
우리는 자녀와 좋은 관계를 유지하는 건강한 가정 분위기를 만들고자
노력한다. 그러나 그것은 평범하고 쉬운 일 같으면서도 부모들에게 사
실 가장 어려운 과제가 될 수도 있다.
왜냐하면 마음은 있어도 어떻게 해야 할지를 잘 모르기 때문이다. 우리
모두가 소망하는 발전적 가정이 되기 위해서는 마음뿐만 아니라 그곳
에 도달할 수 있게 해 주는 기술이 필요하다.
부모역할훈련 프로그램이 바로 그러한 기술을 육성시켜 준다.

# 01

# 어떻게 해야
# 좋은 부모가 될까?

## 좋은 부모가 되기 위한
## 준비

부모 역할을 공부하러 온 많은 사람들은 자녀들이 이미 너무 커 버린 것을 안타까워하고 자녀들이 어렸을 때 공부하지 않은 것을 후회하곤 한다. 좋은 부모가 되기 위한 준비는 이르면 이를수록 좋다. 나무가 어릴 때 좋은 곳으로 옮겨 심는 것이 나무가 큰 다음 옮겨 심기보다 수월할 것이고, 건물의 기초를 처음부터 튼튼히 하는 것이 다 지은 다음 보수 작업을 하는 것보다 훨씬 효과적인 이치와 같다.

결혼하기 전에 예비 부모 교실을 통해서 좋은 부모가 되기 위한 준비를 한다면 가장 이상적일 것이다. 그렇지만 이미 부모가 되었고, 자녀를 키우는 사람들이라면 더 늦기 전에 시작하는 것이 가장 이른 때가 될 수도 있다.

필자는 딸과 아들이 각각 고등학교 2학년, 중학교 3학년일 때 부모
역할훈련 프로그램을 접하게 되었고, 그 후 전문 강사로 지금까지 20
년 이상 이 일에 몰두해 왔다. 그 전에는 중학교, 고등학교 교사와 대
학 강사를 하면서 스스로 교육자로 자처했고, 내가 좋은 부모인 줄 착
각하면서 살아왔다. 그렇게 된 데는 남편이 한몫 거든 탓도 있는 것 같
다. 아이 둘이 착하고 공부 잘하고 반듯하게 큰다는 생각에 "당신은
역시 교육자야"라고 기를 세워 주었으니까. 지금 돌이켜 생각해 보면
부모로서 미숙했던 모습들이 안타깝고, 가슴 아픈 기억들이 군데군데
남아 있다.

아들아이가 네 살 때였다. 우리 부부는 아이 둘을 데리고 부산 금정
산 위에 케이블카를 타고 올라갔다. 산성 위를 걸어서 산보를 하는데
아이가 자지러지게 놀라서 소리를 질렀고, 이유를 알아챈 남편은 야단
을 쳤다.

"개미가 뭐가 무서워!"

"사내자식이 개미를 무서워해? 겁쟁이같이."

마치 야단치는 강도만큼 아이가 용감해진다고 생각하는 것 같았다.
아이는 꾸중에 더욱더 겁에 질린 모습으로 크고 수많은 개미 떼들에게
서 눈을 떼지 못했다. 그 상황을 지켜보면서 뭔가 아닌 것 같기는 했지
만 구체적으로 내가 할 역할이 떠오르지 않아 마음 답답했던 기억이
있다. 이러한 부모의 강압적인 태도가 아이를 위축시키고 기를 죽일
뿐 용감하게 크는 데 아무런 도움이 되지 않는다는 사실을 많은 부모
들이 모르고 있다. 성인이 된 딸과 아들이 자신의 능력에 비해서  자신

감이 부족한 모습을 보면서 우리 부부가 부모로서 한 역할을 되짚어 보곤 한다. 예로 든 상황에서 아빠가 아이를 안아 주면서 "아! 개미가 너무 많지? 개미가 참 크기도 하다. 무서웠구나" 이렇게 말했다면 좋았을 것이다. 아빠에게 이해받은 아이는 든든한 아빠의 사랑을 느끼고 안심이 되었을 것이고 자존감, 자긍심이 자라났을 것이다. 그러면서 개미에 대한 두려움은 서서히 사라졌을 것이다.

또 한 가지 더 생각해 보자. 아빠가 아이에게 야단을 치고 난 후라도 엄마가 좀 더 적절한 역할을 했어야 했다. 엄마가 아이를 안아 주면서 "어머나, 무서웠구나. 개미가 참 많지?"라고 말해서 안심시키고, "당신은 아들이 겁쟁이가 될까 봐 걱정되나 봐요"라고 남편의 마음도 읽어 줄 수 있었어야 했다. 그리고 나중에 남편과 서로 의견을 교환할 수도 있지 않았을까. 지금 생각해 보면 아쉬움으로 가슴이 저리는 부분이다. 그래서인지 부모 역할 공부를 하는 모임에서 젊은 부모, 어린 자녀를 둔 부모를 만날 때마다 보기 좋고 기분 좋고 부럽기도 하다.

정보의 홍수 시대를 살아가는 오늘날의 부모들이 피하기 어려운 또 다른 문제가 있다. 많은 정보를 어설프게 받아들여서 아는 것이 병이 된다는 것이다. 자신이 알고 있는 내용을 확대 해석하고 잘못 적용하는 것이 문제인 것이다. 어떠한 방법도 개개인의 특성과 상황에 맞게 적용해야 하고, 지나치면 모자람만 못하다는 진리를 되새겨 볼 필요가 있다. 아이가 다른 사람에게 피해를 주고 윤리적·도덕적으로 문제가 되는 행동을 할 때는 분별력을 가르치기 위해서 단호할 필요가 있다.

그렇지만 아이의 개인적인 욕구나 권리라고 생각되는 부분은 많이 수용하고 이해해야 한다. 현대의 부모들은 넘쳐나는 많은 정보를 통합할 수 있고, 조화롭게 적용할 수 있는 부모가 되어야 한다. 그래야 진정 아는 것이 힘이 될 것이다. 어느 누구도 완벽한 부모가 될 수는 없지만 좋은 부모가 되기 위해 노력하는 것은 모든 부모에게 주어진 의무가 아닐까 한다. 좋은 부모가 되는 것은 쉬운 일은 아니다. 그렇지만 우리의 삶에서 그 무엇보다 더 가치 있는 일이 틀림없다.

## 긍정적인 시각을 갖게 하라

아이의 사소한 행동 하나하나를 대하는 어른의 태도에 따라 아이의 행동은 엄청나게 달라질 수 있다. 구체적인 사례를 통해 알아보도록 하자.

### 어른을 때리는 아이

만 2세가 채 되지 않은 옆집 아이 영민이는 다른 사람을 만나면 먼저 때리기부터 한다. 팔이건 등이건 아이한테 맞고 나면 기분이 좋을 리도 없고 제법 아프기까지 하다. 그러니 자연히 나무라게 된다. "영민아, 아줌마 때리면 안 돼." "어른을 때리면 나쁜 아이야." "왜 아줌마 때려?" 이렇게 말하면 영민이는 한술 더 떠서 이번에는 꽉 깨물

든지 더 세게 때리고 도망가 버린다. 그러면 영민이 엄마가 붙잡아
와서 영민이에게 야단을 치는 것으로 일이 끝나곤 한다.

이런 일이 반복되면서 영민이가 문제아로 느껴지고, 벌써 반항적
인데 크면 어떻게 될까 은근히 염려가 되기도 했다. 부모역할훈련 프
로그램에 참가하면서 영민이가 문제가 아니라 영민이를 대하는 어
른의 태도에 문제가 있다는 것을 깨닫게 되었다.

영민이가 때리면 예전과 다르게 말할 준비가 된 어느 날이었다.
나를 보자 영민이는 그날도 내 팔을 '딱' 소리가 나게 세게 때렸다.
"영민아, 아줌마 아프다." "아야, 아야, 맞으니까 아프네." 아이를 나
무라는 대신 맞은 팔을 쓰다듬으면서 잔뜩 아픈 표정을 연출해 보았
다. 그랬더니 영민이는 아줌마 곁을 떠나지 않고 걱정스러운 표정으
로 지켜보고 섰다가 자기 입을 아줌마 팔 가까이 갖다 대고는 '호~
호' 하고 불어 주는 것이 아닌가! 이 광경을 보던 영민이 엄마가 놀
라서 소리쳤다. "어머 웬일이야, 우리 영민이가!"


영민이의 공격적인 행동을 고치기 위해서 야단도 치고 타일러 보기
도 하고 나름대로 노력했지만 엄마 뜻대로 되지 않았다. 그런데 옆집
아줌마가 아이를 대하는 방법을 바꾸니까 영민이 행동이 좋아진 것이
다. 너무나 뜻밖의 결과였다.

옆집 아줌마가 영민이를 대한 두 가지 다른 태도에 대해서 생각해
보자. 예전에 해 온 방법, 즉 아이의 잘못에 초점을 맞춰 나무라는 것
은 아이를 기분 나쁘게 만든다. 지적당하고 야단맞으면 본능적으로 인

간은 자기 보호의 필요성을 느끼게 된다. 그래서 방어하거나 공격하는 행동을 하게 되는데, 많이 불안하거나 위험 부담을 크게 느끼면 방어로 끝나지 않고 공격적이 되기도 한다. 어쩌면 '성악설'의 관점에서 인간을 이해할 수 있는 측면이기도 하다.

반면에 공부를 한 후 바뀐 아줌마의 태도, 즉 '네가 잘못했다'는 메시지가 아니라 '내가 곤란하다' '나한테 문제가 생겼다'는 메시지는 상대방을 무장해제 시키는 효과가 있다. 잘못을 지적하지 않은 사람은 경계를 할 필요가 없기 때문이다. 인간 본성이 선하다고 하는 '성선설'의 관점에서 이해한다면, 문제가 있고 곤란하다고 호소하는 사람에게는 도와주고 싶은 마음이 저절로 생긴다고 할 수 있다. 도와주기 위해 나의 행동 수정이 필요하다면 기꺼이 할 수 있는 마음이 우리 내면에 있다는 관점이다. 영민이의 공격적인 행동은 어른들의 잘못된 태도 탓이었고 좋은 행동도 어른들의 올바른 태도 덕분에 가능한 것이다.

인생의 기초공사는 유아기에 이뤄진다. 첫 단추를 잘 끼워야 하고 시작이 중요하다는 말은 인생에도 그대로 적용할 수 있다. 따라서 유아기 자녀를 대하는 태도의 중요성은 아무리 강조해도 지나치지 않을 것이다.

## 관심과 간섭은 동전의 양면

사랑은 관심이고 관심은 곧 사랑이다. 사람은 사랑을 먹고 자라고 사랑을 먹어야 잘 살아갈 수 있다.

부모들은 자녀를 사랑한다. 따라서 자연스럽게 관심을 보이고 사랑을 표현한다. 그런데 때로는 부모가 표현하는 관심이 자녀에게 간섭이라는 이유로 거부당하기도 한다.

## 관심과 무관심의 차이

한 TV 연속극에서 딸과 어머니가 나눈 대화 내용이다.

"어머니, 이제 신경 끊고 그만 구속하세요."

"언제 내가 너희들 구속하고 간섭했니?"

"아버지가 취업 정보 스크랩해 주는 것, 어머니가 영계백숙 끓여 와서 몸보신하라는 것 그게 간섭이고 구속이에요. 그러면 ○○씨(딸의 애인으로 예비 사윗감인데 실직 상태에 있다)가 부담스럽고 불편하단 말예요."

어머니와 아버지는 딸의 요구대로 애써 관심을 끊고 무관심으로 일관했다. 그랬더니 이제는 딸이 또 이렇게 불평한다.

"부담 없이 해 달라는 말이지 왕따 시키라는 말은 아니에요."


부모 자녀 간에도 이렇게 서로 마음을 맞추기가 어렵다. 부모는 잘한다고 관심을 보인 것이 자녀에게는 간섭이 되고, 그래서 간섭하지 않으려고 하다 보면 또 무관심하다고 몰리게 된다.

상담 기법인 현실 요법(RT: Reality Therapy)을 창시한 윌리엄 글래서(William Glasser)는 인간의 다섯 가지 기본 욕구를 다음과 같이 말했다.

① 사랑하고 같이 있고 싶은 소속의 욕구(Belonging Need)

② 간섭받지 않고 마음대로 행동하고 싶은 자유의 욕구(Freedom Need)

③ 성취하고 중요한 존재이고 싶은 힘의 욕구(Power Need)

④ 새로운 것을 접하고 즐겁게 살고 싶은 즐거움의 욕구(Fun Need)

⑤ 살려고 하고 생식 본능을 가진 생존의 욕구(Survival Need)

이상의 다섯 가지 기본 욕구 중 ①, ②, ③, ④는 심적 · 정신적 욕구에 해당하고, ⑤는 우리가 무의식적으로 하는 행동, 즉 생존하기 위한 가장 기본적이고 절박한 욕구에 해당한다.

인간은 위의 다섯 가지 기본 욕구를 충족하기 위해 끊임없이 행동해야만 한다. 따라서 인간을 이해하기 위해서는 먼저 이러한 욕구를 이해해야 한다. 부모가 자녀의 행동을 이해하기 위해서도 마찬가지다. 다섯 가지 기본 욕구가 상호 작용을 하면서 행동을 일으키는데 ①과 ②, ③과 ④는 서로 상당히 대립하기도 한다. 소속의 욕구를 채우기 위해서 '너는 내 것, 나는 네 것'으로 묶어 버리면 마음대로 행동하고 싶은 자유의 욕구가 방해를 받는다. 힘의 욕구를 채우기 위해서는 사회적 지위를 얻고 부를 축적할 필요를 느끼게 된다. 그래서 휴가를 반납하고 일을 더하면 어쩔 수 없이 즐거움의 욕구는 밀려나게 된다. 따라서 인간은 근원적으로 갈등을 안고 살아가야 하는 운명인지도 모르겠다. 그렇지만 다섯 가지 욕구가 조화를 이루고 충족된다면 행복한 생활도 할 수 있을 것이다.

관심은 사랑과 소속의 욕구를 충족시켜 좋은 관계를 맺도록 해 주지만, 무관심은 사랑과 소속의 욕구를 채워 주지 못한다. 간섭은 자유의 욕구를 방해하여 스스로 하고 싶은 것을 못하게 함으로써 반발하고 반항하게 하는 것이라면, 자율은 욕구 충족을 돕는 방법이 된다. 또 관심은 상대방을 있는 그대로 인정하고 믿는 것이라면, 간섭은 있는 그대로를 인정하지 않고 내 마음대로 하고자 하는 의도가 깔려 있는 것이라고 할 수 있다.

간단한 사례 몇 가지를 들어 간섭과 관심이 어떻게 다른지 비교해 보자.

### ① 친구를 사귀는 문제

간섭: OO는 좋지 않은 친구니까 사귀지 마라.

관심: 엄마가 보기에 OO는 어떠어떠한(구체적으로) 면이 좋아 보이지 않더라.

### ② 옷 입는 문제

간섭: 오늘은 날씨가 추우니까 이 옷 입고 가거라.

관심: 오늘은 날씨가 추운데 따뜻하게 입고 가렴.

### ③ 외모

간섭: 머리를 풀지 말고 묶어라.

관심: 머리를 풀고 있는 게 좋은가 보구나.

### ④ 학습지, 숙제 하기

간섭: 학습지(숙제) 5시까지 다 해야 해.

관심: 학습지(숙제) 할 게 많구나.

⑤ 휴대폰

간섭: 또 휴대폰을 들고 있니?

관심: 휴대폰이 참 좋은가 보구나.

⑥ 인터넷

간섭: 인터넷이 문제라니까. 네 할 일이 뭔지도 모르고.

관심: 인터넷으로 할 게 많은가 보구나.

이상과 같은 비교가 항상 정답일 수는 없다. 상황에 따라 많은 변수가 있기 때문이다. 각자가 얼마나 심리적으로 건강한지, 상호 관계가 얼마나 좋은지, 지금까지 어떤 식으로 대화를 하고 살아왔는지, 현재의 감정 상태나 문제의 강도가 어느 정도인지 등에 따라서 때로는 적절할 수도 때로는 부적절할 수도 있다. 그러나 무엇보다 중요한 것은 진실한 마음이고 또 진실한 마음이 통하기 위해서는 건강한 부모 자녀 관계가 전제되어야 한다.

무관심하고 방임하는 부모와 마찬가지로 과잉 통제하고 간섭하는 부모도 무자격 부모라고 심리치료가 수잔 포워드는 말했다. 지나친 것은 모자람만 못하고 중용이 덕이라고 한 진리를 되짚어 볼 필요가 있다.

"당신 말을 듣고 보니 당신 말도 일리가 있군요."

전래되어 내려온 황희 정승의 일화를 옮겨 보려고 한다. 두 하인의 시비를 가려 줘야 할 주인이 이 사람 말을 듣고는 '그랬구나', 저 사람 말을 듣고는 '그랬구나' 하는 것을 보다 못한 부인이 나서서 그러지 말고 옳고 그름을 가려 줘야 하지 않겠느냐고 하자, 황희 정승이 부인에게 위와 같이 말했다고 한다.

얼핏 들으면 책임 회피 같고 회색분자 같기도 하다. 물에 물 탄 듯, 술에 술 탄 듯 우유부단한 황희 정승의 태도가 어떤 가르침을 주기에 입에서 입으로 회자된 것일까?

《논어》에 "군자는 화이부동(和而不同)하고 소인은 동이불화(同而不和)한다"고 했다. 소인배로 살기는 쉬워도 군자로 살기는 어려운 것처럼 동조하고 짝을 맞추고 편 가르기를 하는 것은 쉬운 일이다. 그런가 하면 화합하고 조화를 이루며 사는 것은 쉽지 않은 일이다. 치우치지 않고 모자라지 않는 균형 잡힌 삶이 바로 조화로운 삶이 아닐까?

이제 실제적인 문제를 생각해 보겠다. 부모로서 수도 없이 만나게 되는 자녀 사이의 갈등을 우리는 어떻게 다루고 있는가? 친구와의 갈등은? 학교생활의 불협화음은 어떻게 다루고 있는가? 부모는 해결사가 되어서 문제의 흑백을 가리고 누가 맞고 누가 틀렸는지에 초점을 맞추곤 한다. 그런데 인간관계에서 생기는 갈등은 대부분 감정 문제이거나 감정 문제에서 비롯되기 때문에 맞고 틀리고가 아닌, 서로의 입장에 서면 받아들일 수 있는 문제들이 대부분이다.

형제가 하찮은 물건을 서로 차지하겠다고 팽팽하게 대립할 때 많은 부모들이 문제에 끼어들어 어느 한쪽에게 양보를 강요하거나 더 좋은 조건을 내세워 타협하려고 한다. 그러나 부모의 뜻대로 쉽게 해결되기보다는 서로 고집을 부리고 물러서지 않을 때가 오히려 더 많다. 대립하는 상태에서는 물건을 소유하려는 욕구보다 손상된 감정을 회복하는 것이 더 중요하기 때문이다. 따라서 부모는 문제 해결에 초점을 맞추기보다 아이들이 감정을 회복하도록 돕는 데 신경을 써야 한다.

큰아이나 작은아이나 잘잘못을 가리려고 하면 서로 부모에게 유리한 판정을 받기 위해 상대방을 더욱 공격하고 비난하게 될 수밖에 없다. 그렇다면 부모가 아이들을 수용하는 입장에 서 보자.

아이들은 싸우면서 크는 것이고 형제는 싸우면서 정든다고 하지 않는가. '내가 보기엔 하찮은 물건이지만 저 아이들에겐 중요할 수도 있겠지. 한 녀석이 차지하려니까 한 녀석이 샘이 날 수도 있겠지.' 이런 마음을 먹으면 자연스럽게 다음과 같은 말이 나올 것 같다. "애들아 그 물건이 꼭 갖고 싶은가 보구나." "물건은 하나뿐이고 사람은 둘이라 너희들 입장이 난처하겠구나." 이런 말은 문제를 해결하는 데 초점을 맞추는 것도 아니고 누구 편을 드는 것도 아니다.

특별한 장소이거나 시간이 조급하거나 하는 등 곤란한 상황이 아니라면 여유를 갖고 이와 같이 대처해 보면 어떨까? 아이들의 차올랐던 감정이 부모의 수용 덕분에 가라앉을 것이다. 그다음 아이들은 스스로 생각해 보고 의논해서 해결하는 능력을 키울 수도 있을 것이다.

학교에서 돌아온 아이가 엄마에게 불평을 한다.

"엄마, 우리 선생님은 나만 미워해. 내가 잘못하지 않았는데 나만 야단쳤단 말이야."

이런 상황에 대처하는 부모의 태도에는 아마 다음과 같은 몇 가지 유형이 있을 것이다.

첫째 유형의 부모는 다짜고짜 선생님을 나쁘다고 몰아세우고 아이 편을 든다. "아니 왜 그래? 너희 선생님이 누구야? 누가 잘못했어? 이상한 선생님이네." 이런 식으로 아이 편에 서서 선생님을 비난하면 아이의 기분은 풀리겠지만 너무나 위험한 방법이다. 아이 편을 들어서 선생님을 비난하면 교육은 어떻게 될 것인가? 선생님이 틀렸다고 생각하는 아이가 선생님에게서 긍정적인 영향을 받기는 힘들 것이다.

둘째 유형의 부모는 선생님 편을 든다. "잘 생각해 봐, 네가 잘못했겠지. 선생님이 괜히 그러셨겠니? 잘못했으니까 야단치셨겠지." 물론 부모의 말이 틀린 말은 아니다. 그렇지만 아이 입장에서는 가슴이 답답할 수밖에 없다. 대체로 이성적이고 논리적이라고 자처하는 부모들 중에 이런 유형이 많다. 아이는 부모가 자신의 호소를 거부하는 반응을 접하면서 차츰 말을 줄이기 시작할 것이고 언젠가부터는 말문을 닫게 될지도 모른다.

첫째 유형의 부모는 아이에게 동조했고, 둘째 유형의 부모는 선생님에게 동조했다. 편 가르기를 하고 '맞다, 틀렸다'에 초점을 맞춘 것이다.

이와 달리, 셋째 유형의 부모는 "많이 속상했구나! 너만 야단맞아서

억울했구나!” “선생님께 많이 서운했구나” 등으로 우선 아이의 손상
된 감정을 수용해 준다. ‘옳고 그름’이나 ‘맞고 틀림’은 감정이 가라
앉은 다음에 생각할 수 있는 문제다.

이렇게 대화를 시작하면 자녀는 마음속에 있는 말이나 학교에서 있
었던 일을 편안하게 털어놓게 될 것이다. 그러면 부모도 자초지종을
알게 될 것이고 그다음이 문제 해결의 순서다. 물론 이성을 찾은 자녀
가 스스로 문제를 해결한다면 그보다 더 바람직한 일이 또 있을까?

## 02

# 부모역할훈련
# 프로그램

부모역할훈련 프로그램은 미국의 심리학자 고든 박사가 창안했다. 우리나라에는 1989년 한국심리상담연구소(소장 김인자)에 의해 도입되었으며, 세계 42개국에서 활발히 보급되고 있다.

임상심리학자인 고든은 자녀들의 정신적·정서적 문제는 정신의학적 문제로 취급할 것이 아니라 부모 자녀 간의 인간관계에서 생긴 문제로 보아야 하며, 양자간의 관계를 개선할 방법을 부모에게 교육해야 한다고 생각했다.

그리하여 고든은 전문 상담가들이 내담자를 치료할 때 쓰던 상담 기술을 자녀와의 의사소통, 문제 해결 장면에서 갈등을 겪는 부모에게 제공할 목적으로 부모역할훈련 프로그램을 개발하여 실시하였다.

체험 학습을 통해 이론과 지식을 익히게 하여 곧바로 실제 생활에 적용할 수 있도록 하는 것이 특징이다.

이론 소개, 시범 보이기, 역할 학습, 소집단 토의 등으로 구성되며 교본과 워크북을 이용한다.

15명 내외의 집단을 구성하여 2개월간 매주 1회 3시간씩, 총 8주 동안 24시간에 걸쳐 진행된다.



- 1주: 강사 및 참가자 소개, 목표 설정하기, 행동의 네모꼴 수용도식, 문제 소유 가리기
- 2주: 의사소통의 걸림돌, 소극적 경청, 반영적 경청
- 3주: 반영적 경청 실습하기, 유아와 의사소통하기
- 4주: '나-전달법'의 종류, '나-전달법'의 3요소, '나-전달법' 체험하기
- 5주: '긍정적 나-전달법', '예방적 나-전달법', 유아를 위한 '나-전달법'
- 6주: 가정환경을 재구성하기, 제1, 2, 3의 방법, 욕구 갈등과 가치관 갈등

228

- 7주: 문제 해결의 6단계, 욕구를 언어로 표현하기, 제3의 방법 실습하기
- 8주: 가치관 대립 인식하기, 자녀의 가치관에 영향 주기, 가치관 대립에 대처하는 기술

## 부모역할훈련 프로그램의 효과

- 자녀의 문제 행동이 변화된다.
- 자녀가 자신의 문제를 스스로 해결하는 능력을 갖게 되고, 자신의 삶에 대한 책임감을 키워 간다.
- 자녀 스스로 자신의 잠재력을 개발하며, 자신의 삶을 계획하고 통제할 줄 알게 된다.
- 자녀가 부모를 좋은 대화 상대로 생각하게 될 뿐 아니라, 부모와 자녀가 더욱 친밀하고 따뜻한 관계를 유지하게 된다.
- 부모와 자녀가 서로 존중하며 도움을 주고받는 관계를 형성하게 되고, 부모는 자녀와의 관계 속에서 부모 자신을 위한 의미 있는 삶을 찾을 수 있게 된다.
- 부모와 자녀 모두 정신적으로 좀 더 성장하게 된다.
- 부모 자녀 관계뿐만 아니라 다른 인간관계도 개선된다.

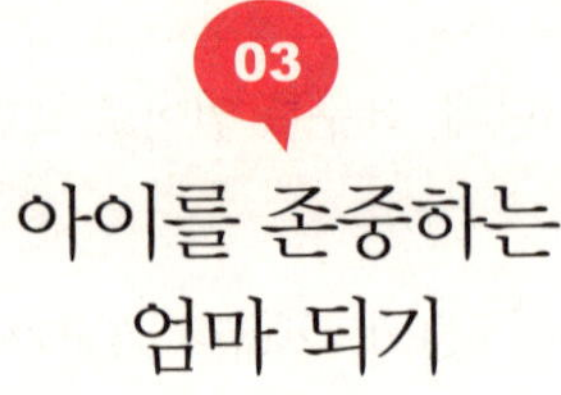


# 아이를 존중하는
# 엄마 되기

## 8주 경험

아래 글은 현역 변호사인 민서경 씨가 8주 동안 공부하면서 매주마다 경험한 내용을 쓰고 마지막 8주째 제출한 기록이다(큰아이 6세, 작은아이 3세).

**1주**

네모꼴 수용도식(마음의 창)을 통해서 아이들의 행동을 바라보니, 큰아이의 행동은 대부분 수용선 아래인 비수용 영역으로 보고, 작은아이의 행동은 대부분 수용선 위인 수용 영역으로 보는 나 자신을 발견했다. 그로 인해 큰아이에게 끊임없이 잔소리하는 나를 자각할 수 있었다. 따라서 큰아이를 많이 수용하고 잔소리를 줄이는 것을 행동 목표로 정했다.

문제의 소유 가르기에 유의했더니, 아이들의 행동에 대해 대부분 비수용적이어서 내 문제로 보는 경향이 있음을 발견했다. 지속적으로 큰아이의 행동을 수용하는 폭을 넓힐 수 있도록 여유로운 마음을 가지려 노력했다. 이에 따라 반영적 경청을 시도해 보았다.

유치원 갈 시간이 다 되었는데, 큰아이가 갑자기 점퍼를 입지 않겠다고 했다.

"엄마, 나 점퍼 입기 싫어!"

속으로 화가 나려 했지만 꾹 참고, 잠깐 생각한 다음 반영적 경청을 시도했다.

"영민이, 이 점퍼 입기 싫구나. 그럼, 다른 점퍼 입을까?"

"응, 나 다른 거 입을래."

반영적 경청으로, 화내지 않고 아이의 생각을 알아낼 수 있었다.



큰아이에게 소극적 경청조차 소홀했다는 자책감에 한 주 동안 아이가 말할 때까지 가까이 가서 얼굴을 마주하고 눈을 보며 들으려 노력했다. 아이도 처음엔 어색해하더니 점점 좋아하는 기색을 보였다.

큰아이가 말할 때 의식적으로 '그랬구나' '~했구나'를 했더니

"이상하다. 엄마 계속 ~구나만 해?" 그러기에

"영민아, 엄마가 그렇게 말해서 싫으니?" 묻자

"아니, 싫진 않고 이상해"라고 대답했다.

싫어하지 않는다는 말에 안도감을 느꼈다.


작은아이는 원하는 것이 있으면 심하게 떼를 쓰는 편이다. 갑자기 과자나 사탕을 찾으며 심하게 떼를 쓰는 일이 많다. 이때 반영적 경청으로 "수민이 과자 먹고 싶구나" "과자 먹고 싶었구나" 하고 여러 번 말해 주자, 처음엔 울고 떼쓰다가 점차 조용해지더니 다른 데로 가서 놀았다.

그러다 갑자기 수박을 먹고 싶다고 울기 시작했다. "수민이, 수박 먹고 싶구나. 근데 어쩌지 지금 겨울이라 수박이 없는데" 하며 계속 반영적 경청을 해 주자 떼가 잦아들고 조용해졌다.


큰아이에게 일주일 동안 '소극적 경청'과 '반영적 경청'을 시도 했다. 금요일 아침에 큰아이가 잠자리에서 일어나면서 "나 이제 엄마 말 잘 들을 거야"라고 말했다.

## 4주

작은아이가 형의 장난감을 달라고 조르기 시작했다. 큰아이가 양보하지 않자 작은아이가 계속 울었다. 수강 중에 들은 대로 직접 개입하지 않으려고 작은아이를 데리고 안방으로 건너가 "수민이 장난감 갖고 싶었구나. 형아 장난감 갖고 싶었구나"라고 계속 반영적 경청을 시도했지만 아이의 울음은 점점 커졌다. 알고 보니 작은아이는 무척 졸린 상태였다. 아이를 재우고 나와 큰아이를 보니, 큰아이가 이렇게 말했다.

"엄마는 나만 혼내고 수민이는 안 혼내니까 엄마 속상하게 하려고 수민이에게 장난감 안 준 거야."

그 말에 속상하기도 했지만, 아이가 그동안 상처를 많이 받았다는 것을 깨달았다. 마음이 아파 아이를 안아 주며 나도 같이 눈물을 흘렸다.

한 주 동안 유난히 몸도 마음도 힘들어 '반영적 경청'과 '나−전달법'을 잘 실천하지 못하고 아이들도 유난히 엄마를 힘들게 했다. 다만 되도록 반영적 경청을 하면서 화를 덜 내고 '나−전달법'을 해 보려 시도하는 중 큰아이가 짜증을 덜 내는 모습을 볼 수 있었고, 가끔 작은아이도 떼쓰다가 저절로 멈추는 모습을 보면서 위안을 얻었다.

**5주**

작은아이가 30개월이라 아직도 엄마가 안아 주는 것을 좋아한다. 작은아이가 "엄마 안아 줘" 하기에 번쩍 들어 안으며 말했다.

"수민이, 이제 네 살이 되었네. 그래서 무거워졌어. 수민이가 이렇게 엄마 안아 달라고 하면, 수민이가 무거워서 엄마가 너무 힘드네."

그러자 수민이가 잘 못하는 말로 "맞아" 하면서 스스로 내려와 내 손을 잡고 걸어가 마음속으로 감동했다.

반면, 큰아이는 '나−전달법'을 한다고 하는데도 "엄마 지금 화내고 있잖아"라고 말할 때가 많았고, '나-전달법'을 해도 무시하거나 행동 수정이 되지 않는 경우가 대부분이었다. 내 표현 방법에 문제가 있다고 느낀다. 즉 평가나 비난 없이 행동을 사실적으로 표현하지 못할 때가 많았고, 나에게 미치는 직접적 영향을 찾기 힘들거나 찾다 보면 말이 지나치게 장황해지곤 했다.

즉 아이의 행동이 내게 미치는 직접적 영향이 없음에도 아이의 장래가 걱정된다거나, 나쁜 습관이 굳어지면 어떡하나 하는 막연한 두려움에 잔소리에 가까운 '나-전달법'을 남용한 것은 아닌지 걱정되었다.

**6주**

아이들을 대할 때 '반영적 경청'과 '나-전달법'을 잊지 않으려고 긴장하게 되었다. 상황에 따라 예전 습관들(화, 고함)이 불쑥 튀어나올 때가 있지만 곧 '반영적 경청'과 '나-전달법'으로 돌아가려 노력했다.

큰아이가 장염에 걸려 음식을 토하자, 아이 아빠는 "이 닦아라" "옷 갈아입어라" "손 씻어라" 등 계속 명령했다. 아이가 군말 없이 따라 하기는 했으나 나는 좀 마음에 걸렸다. 아이 옆에서 "아빠가 자꾸 '이것 해라 저것 해라' 해서 좀 귀찮고 속상하지?"라고 했더니 아이는 속상한 표정을 지으며 "응, 그래서 화가 나려고 해!" 하더니 편안한 표정을 지으며 잠자리에 들었다. 만약 내가 그때 아이의 마음을 읽어 주지 않았다면, 금방 울거나 아빠에게 소리 질렀을 것이다.

30개월 된 작은아이는 내가 출근하려 하자, 안아 달라고 보채더니 내려가지 않으려고 했다. 그래서 "수민이, 엄마랑 같이 있고 싶구나. 근데 엄마 회사 늦으면 회사에서 혼날까 봐 걱정되는데 어떡하지?" 하고 몇 번 말하자, 아이가 슬며시 내려갔다.

**7주**

제3의 방법으로 문제 해결하기를 습득한 후, 집에서 큰아이에게 제3의 방법에 대해 간단하게 설명해 주었다. 그리고 "영민이랑 엄마, 아빠 사이에 문제가 생기면 이렇게 해결해 보자"라고 했더니 아이는 매우 재밌어 하면서 그러자고 했다.

목욕하는 문제. 저녁 8시 전후에 우리(엄마, 아빠)는 아이들 목욕을 시키고자 한다. 그래서 "영민아, 목욕하자" 하면 아이는 못 들은 척 무시하거나 "싫어"라고 말하고, 그때부터 시간을 끌기 시작한다.

### 1단계: 문제 정의

부모의 바람: 영민이가 목욕을 제시간에 하면 엄마 아빠는 영민이, 수민이를 재운 후 쉴 수 있다.

아이의 바람: 목욕하는 시간에 다른 놀이를 하고 싶다.

### 2단계: 가능한 해결책 제시

① 아빠가 양보한다.

② 영민이를 맴매한다.

③ 영민이가 장난감을 가지고 욕실에 들어가 10분 동안 물놀이를 하고 나서 목욕을 한다.

④ 엄마 아빠가 목욕하자고 했는데 영민이가 싫다고 했으니까, 그 시간부터 10분 동안 그냥 놀고 나서 목욕한다.

⑤ 욕실에 들어가서 재미있게 수수께끼를 풀고 노래자랑을 하면서 목욕한다.

**3단계: 해결책 평가**

① X　　② X　　③ O　　④ X　　⑤ X

**4단계: 해결책 평가 및 선택**

제시된 해결책 중 ③번 '장난감 가지고 10분간 놀다가 목욕한다' 선택.

**5단계: 실행**

영민이가 자신이 좋아하는 장난감 몇 개를 가지고 욕실로 들어가 놀기 시작했고, 무사히 목욕도 마쳤다.

**6단계: 실행 결과 평가 및 검토**

엄마, 아빠, 영민이도 목욕을 잘 실행했다고 평가했다. 다만 아빠는 양치질할 때 영민이가 시간을 좀 끌어서 아쉬웠다고 말했다. 영민이는 곶감을 먹고 싶은데 양치질을 하면 맛이 없을까 봐 그랬다고 대답했다.

아이가 부모와 이야기를 하면서 문제를 해결하는 것을 재미있어 하고 좋아하는 것 같았다. 그리고 스스로 선택한 해결책을 따르려는 모습도 보여 흐뭇했다. 다만 아직 어려서 문제 해결 방법을 제시할 때 장난처럼 하는 경향이 있었다.

밥 먹을 때 돌아다니는 문제. 식사 시간이 되면 큰아이는 식탁 의자에 앉는 것 자체를 싫어하고 잔소리를 하여 앉혀 놓아도 곧 돌아다니면서 먹곤 한다.

### 1단계: 문제 정의

● 아이의 바람

① 밥 먹기 전에 더 놀고 싶다.

② 밥이 너무 뜨거워서 천천히 식혀서 먹고 싶다.

● 부모의 바람

아빠: 가족들이 다 같이 기분 좋게 밥을 먹었으면 좋겠다.

엄마: 영민이가 바로 앉아 밥을 먹어 건강해지고, 엄마도 얼른 먹고 설거지하고 다른 집안일을 하거나 쉬고 싶다.

### 2단계: 가능한 해결책 제시

① 아빠가 양보한다.

② 아빠가 영민이를 맴매한다.

③ 엄마가 밥 차릴 때 앞으로 몇 분 더 놀 것인지 물어봐서 그 시간에 밥을 준다.

④ 온 가족이 맛있게 밥을 먹고 논다.

⑤ 아빠가 영민이를 간지럼을 태운다.

⑥ 엄마가 영민이 밥을 미리 꺼내서 식혀 둔다.

⑦ 영민이가 배가 아픈지 물어봐서 나중에 차린다.

⑧ 큰 병원에 가서 배가 아픈 이유를 찾아내서 약을 먹고 고친다.

⑨ 병원에 가서 약을 타 온다.

⑩ 영민이를 의자에 꽁꽁 묶는다.

⑪ 아빠가 영민이에게 꿀밤을 먹인다.

⑫ 밥 먹을 때는 수수께끼나 노래자랑을 하며 맛있게 먹고, 만약 자리에서 일어나면 더 이상 밥을 못 먹는다.

⑬ 토요일, 일요일에는 밥 먹을 때 아빠가 뽀로로 이야기를 해 준다.

**3, 4단계: 해결책 평가 및 선택**

③과 ⑬ O, 나머지 X

**5단계: 실행**

밥 먹자고 했더니 한 시간 후에 먹겠다고 했다. 너무 늦은 것 같았지만 꾹 참고 그러자고 했고, 한 시간이 지나자 제자리에 앉아서 밥을 좀 덜어 내고는 잘 먹었다. 스스로 생각해 낸 문제 해결 방법을 지키려고 했다.

**6단계: 실행 결과 평가 및 검토**

이틀 동안 잘 실천했으나 엄마가 출근하는 날에는 잘 지켜지지 않았다(시어머니께 따로 부탁드리지 않음). 엄마가 있는 동안 잘 실행하는 것만으로도 만족스럽고 대견했다.

강의를 듣기 전 평상시 늘 불만스러운 태도를 보이고 어른들 말을 듣고도 무시하거나 반항하는 큰아이 때문에 화가 나기도 하고 답답하기도 했다. 여섯 살인데도 이런데 사춘기가 되면 어쩌나 하고 두렵기까지 했다.

이런 마음으로 강의를 듣게 되었는데, '반영적 경청'과 '나-전달법'은 아이의 마음을 이해하고 내 불만을 전달하면서도 아이에게 상처를 주지 않고 존중할 수 있는 좋은 방법이었다.

8주가 지난 현재 아이와 대화하기도 수월해졌고, 아이를 대하는 마음가짐 자체가 달라졌음을 느낀다. 아이를 혼내거나 통제하려고 하는 것은 아이를 존중하지 않는 것이라는 사실을 알았기 때문이다. 이런 내 마음이 통했는지 아이도 엄마에게 더 친근하게 대하고 어른들 말에도 잘 대답하며 더 밝아지고 착해진 것 같다.

하지만 아직도 혼내고, 위협하고, 고함치는 예전 습관으로 돌아가고 싶은 강한 유혹을 느낄 때가 많은 것이 사실이며, 실제 불쑥 튀어나오기도 한다. 그러나 앞으로 최소한 '반영적 경청'과 '나-전달법'이라는 방법을 통해 아이를, 그리고 사람을 존중하는 마음을 잊지 않고 살게 되기를 기도해 본다.

형제간 싸움,
누구 편을 들까?

초등학교 3학년과 일곱 살 된 아들 둘을 키우다 보니 늘 목소리는 높아만 가고 아이들 얘기를 제대로 들어 준 적도, 마음을 이해해 준 적도 별로 없었다. 머지않아 사춘기를 맞을 아이들과의 관계가 이래선 안 되겠다 싶어 부모역할훈련 프로그램의 문을 두드렸다.

수업을 들으면서 많은 자책과 반성을 했다. 의문점이나 해결되지 않은 문제는 질문을 하며 한발 한발 나은 엄마가 되기 위해 노력하고 있다.

그러던 어느 일요일 저녁 남편과 아이들을 데리고 할인점에 갔다. 쇼핑 중 코코아를 샀더니 홍보 나온 아가씨가 금색 슬리퍼를 주었다. 기분 좋게 쇼핑을 마칠 무렵, 슬리퍼가 든 조그만 상자를 발견한 작은아이가 뭐냐고 물었다. 슬리퍼라고 하자 "엄마, 나 이거 가질래. 응?" 이라고 했다. 예전부터 둘째는 그런 소품에 관심이 많았고, 큰아이는 별로 관심이 없던 터라 흔쾌히 "그래" 하고 승낙했다.

그런데 그날 밤 아이들을 재우려는데 작은아이가 슬리퍼를 신고 돌아다니며 좋아했다. 저녁 내내 아무 말 없던 큰아이가 갑자기 그 슬리퍼를 자기도 갖겠다며 둘이 싸우기 시작했다. 쇼핑하고 집에 와서 놀다 보니 벌써 밤 11시가 다 되어 나는 빨리 아이들을 재워야겠다는 생각에 마음이 급한데, 아이들의 다툼은 끝날 기미가 보이지 않았다.

남편이 큰아이를 야단칠 요량으로 아이들 방으로 갔다. 예전 같으면 내가 먼저 큰아이를 꾸짖었을 것이다. 이 밤중에 왜 동생 걸 빼앗아서 이런 난리를 치느냐고, 빨리 자라고. 하지만 부모역할훈련을 하면서 아이의 감정을 수용하고 마음을 읽어 줘야 한다는 걸 배웠기에 야단치러 가는 남편을 눈짓으로 말렸다.

최근 몇 차례 큰아이가 떼를 쓸 때 '반영적 경청'을 해 주었더니 큰아이의 마음이 스스로 풀리는 걸 남편도 몇 번 본 터라 협조해 주었다. 그런데 30분이나 기다렸건만 두 아이는 싸움을 멈추지 않았고, 결국 작은아이는 큰아이에게 맞았는지 악을 쓰며 울었다. 이제는 가 봐야 할 것 같아 남편과 함께 아이들 방으로 가서 큰아이에게 물었다.

"왜 그러니?"

"왜 동생만 슬리퍼 주고 나는 안 주느냐고."

"아까 마트에서 넌 달란 소리 안 했고, 동생은 달라고 해서 엄마가 준 거잖아."

"난 그 상자가 슬리퍼인 줄 몰랐어. 나한테도 말을 해 줬어야지. 이건 불공평하잖아."

예전 같았으면 아이를 나무랐겠지만, 마음을 가라앉히고 반영적 경청을 했다.

"아, 너는 불공평하다고 생각했구나! 엄마가 미처 거기까지 생각하지 못했는데, 네 입장에선 그렇게 생각할 수 있겠구나."

내가 그렇게 말하자 큰아이는 화가 좀 누그러지는 듯했다. 그러면서 큰 소리로 울었다. 아이를 안고 어떻게 했으면 좋겠냐고 물었더니 자기도 그 슬리퍼가 꼭 갖고 싶다고 했다. 그러자 남편이 "그럼 한 짝씩 가져라"라고 하는 바람에 두 아이 모두 화를 냈다. 또 눈짓으로 남편에게 신호를 보냈다. 남편은 시간이 몇 시인데 이러고 있느냐는 못마땅한 표정을 짓긴 했지만 그냥 지켜봐 주었다.

"다음 주에 엄마가 마트 가서 한 켤레 더 얻어 볼게"라고 하자 "없으면 어떻게 해" 하며 큰아이가 걱정했다.

"만약에 없으면 그때 다시 의논해 보자"라고 했더니 큰아이가 그러자고 했다. 큰아이의 마음이 풀린 것 같아 이번엔 작은아이를 바라보았다. 이제껏 엄마를 기다렸다는 듯 다시 큰 소리로 울음을 터뜨리며 말했다.

"너무 억울하잖아. 엄마가 아까 나한테 준 건데 형아가 자꾸 빼앗아. 내 건데……."

분한 마음에 어찌나 서럽게 우는지 큰아이 앞에서 작은아이 편을 들기가 뭣해 작은아이를 데리고 부엌으로 갔다. 안아서 다독여 주며 이번엔 작은아이 말에 반영적 경청을 했다.

"엄마가 준 건데, 형아가 뺏으려고 해서 많이 속상했구나."

이미 슬리퍼를 양손에 들고 있는 작은아이는 생각보다 쉽게 풀어졌다. 기분이 나빠 보이지 않기에 넌지시 물었다.

"다음 주에 형아 슬리퍼 구할 때까지 번갈아 신으면 안 될까?"

"그래도 돼."

바라던 대답을 들어 흡족한 마음으로 작은아이를 데리고 방으로 갔다.

그런데 우리가 나간 사이 큰아이가 남편에게 "아빠, 동생한테 미안해. 동생 인형 예쁘게 정리해 줘야지"라고 했단다. 그러면서 작은아이가 잘 때 늘 안고 자는 인형 두 개를 작은아이 베개 옆에 가지런히 정리해 놓았다. 큰아이가 동생에게 미안하다고 하자 작은아이도 사과했다. 잘 시간이 많이 늦어지긴 했지만 기분 좋게 아이들을 재울 수 있었다.

남편은 정말 놀랐다고 했다. 작은아이를 데리고 나간 후 큰아이가 많이 미안해 하며 스스로 동생 물건을 챙기고 동생 잠자리를 정리하는 것을 보고 너무 의외였다고 했다. 예전처럼 엄마 아빠가 야단쳤더라면 큰아이는 억울한 마음에 끝까지 동생을 괴롭혔을 것이다. 그랬다면 오늘처럼 네 식구가 모두 편안한 마음으로 잠자리에 들지 못했을 것이다.

'반영적 경청'을 하고 아이의 마음을 읽어 줬을 뿐인데, 아이들은 놀라울 정도로 쉽게 화를 풀고 상대를 배려했다. 선생님 말씀처럼 반영적 경청은 때론 아이들에게 요술 방망이 같은 효과가 있는 것 같다.

마음을 열어 준 두 아이와 참고 기다려 준 남편에게 고마움을 전하며, 이번 일을 계기로 또 한 번 부모역할훈련 프로그램에서 배운 것들을 실천하며 좋은 엄마가 되기를 게을리하지 말아야겠다고 다짐했다.

## 동생과 비교당하는 오빠

초등학교 3학년인 딸아이가 수학 경시대회에 나가게 되었다. 3학년에 올라와서 몇 번 시험을 보았는데 다 1등을 해서 대회에 나가게 되었고, 4학년인 아들은 매번 3등을 해서 나가지 못하게 됐다. 대회를 앞두고 딸아이가 공부를 하던 어느 날 아침이었다.

“엄마, 은비가 요번 대회에 나가서 상 탄대요”라며 빈정거리는 투로 아들이 말하자, “내가 언제 그랬어?” “네가 방금 그랬잖아” 하며 오빠와 동생이 티격태격했다.

그 말을 듣는 순간 아들이 마음이 상했구나 싶었지만, 동생이 상을 탄다고 하면 격려를 해 줘야지 왜 빈정거리나 싶어 아들이 얄미웠다. 순간적으로 “은비가 상 타면 네가 손해 보는 거 있니?”라고 말해 버렸고, 아무 말 못하는 아들의 모습에 미안했다.

아들은 동생과 16개월 차이밖에 나지 않아 일찍부터 엄마 사랑을 동생에게 빼앗겼다. 자라는 동안 동생은 딸이라 애교도 많고 외향적인 성격이라 엄마 아빠나 친척들 앞에서 노래며 춤이며 시키는 대로 곧잘 해 칭찬을 많이 듣고 자란 반면, 아들은 개구쟁이면서도 숫기가 없어 남 앞에 잘 나서지 못하고 속마음을 솔직하게 표현하지 못하는 성격이라 가끔씩 동생한테 시기와 질투의 반응을 보일 때가 있었다.

마음을 가라앉히고 ‘반영적 경청’으로 아들의 마음을 읽어 주기로 했다.

“엄마가 몰랐는데, 이제 보니까 우리 수현이가 수학 경시대회에 못 나가서 서운한가 보구나”라고 했더니 아무 말이 없었다.

평소에 애들은 잘 먹고 잘 놀고 잘 자야 되고, 공부는 수업 시간에만 열심히 하면 된다는 생각에 애들한테 공부를 강요하지 않았다. 더구나 아들은 놀기를 좋아해 수학 경시대회 같은 데는 전혀 신경 쓰지 않는 줄 알았다.

그래서 아들에게 “그런데 은비가 밤늦게까지 잠도 못 자고 공부하

244

는 거 보니까 차라리 대회에 안 나가는 편이 좋을 것 같다는 생각까지 들더라, 너무 힘들잖니?"라고 말했다. 그런데 아들은 뜻밖에도 "치, 그까짓 게 뭐가 힘들어? 문제도 쉬운데"라고 대답하는 게 아닌가.

"아이고, 우리 아들이 정말로 서운했나 보구나"라고 다시 반영적 경청을 해주었다.

"그럼 너도 열심히 해서 내년에 나가 보자."

"엄마, 저 문제집 한 권 사 주세요. 재미로 풀어 보게요."

아들이 약간 쑥스러워하면서도 밝게 말했다.

그 후로는 문제지 풀기 바쁜 동생을 위해, 평소 함께 하던 방 청소를 혼자 다 하고 시험이 끝날 때까지 기분 좋게 동생 이불도 깔아 줬다.


## 반영적 경청으로
## 마음의 앙금을 씻어 낸 아이

부모역할훈련을 받는 두 번째 날이었다. 그날 교육 내용은 '반영적 경청'이었는데, 아직 문제 해결에 대해서는 배우지 못한 상황이었다. 그날 강의에서 '반영적 경청'만 잘해도 문제가 어느 정도 해결된다고 했다.

과연 그럴까? 반신반의하며 집으로 돌아왔다.

잠잘 시간이 다 되어 가는데 다섯 살배기 아이가 놀이에 흠뻑 빠져 있었다.

"이제 잘 시간이다. 치카치카 하러 가자."

아이는 더 놀겠다며 싫어했다. 몇 차례 얘기해도 계속 놀겠다는 아이 때문에 슬슬 화가 나려고 했다. 보통 땐 "다섯 셀 때까지 안 오면 엄만 안 도와줄 거야, 하나 둘……" 이렇게 말하곤 했는데 그날은 교육받은 내용이 떠올라 한번 시험 삼아 해 보자 싶었다.

"그래, 네가 더 놀고 싶구나. 그런데 엄만 네가 늦게 자서 내일 유치원에 늦을까 봐 걱정된다."

"응, 나 더 놀고 싶어."

이왕 한 것 끝까지 해야겠다는 생각에 계속 '반영적 경청'과 '나-전달법'을 했다. 10분쯤 지나자 아이도 뭔가 이상한 낌새를 채고 '응? 엄마가 다른 때와 다르네?' 뭐 이런 표정으로 보더니 그때부터 엉엉 울기 시작했다. 매달려서 울고 끌어안고 울고……. 떨어지지 않고 계속 울면서 물었다.

"엄마! 나 좋아? 지금도 나 좋아?"

"그럼, 엄만 널 가장 사랑해."

아이는 마치 그동안의 앙금을 모두 씻어 내듯 펑펑 울었다. 그렇게 50분 동안이나 실컷 울고 나서 아이가 말했다.

"엄마, 나 치카치카 할래."

잠잘 시간을 훌쩍 넘겼지만 마음은 뿌듯했고 그동안 아이에게 잘못 대한 일을 반성하는 계기가 되었다. 부모역할훈련 받길 잘했다는 생각에 기뻤다. 더 멋진 엄마가 되기 위해 오늘도 힘내야겠다.

## 사춘기에는 엄마의 질문도 추궁으로 듣는다

중학교 1학년과 2학년인 두 딸과 함께 생활하면서 하루하루가 지치고 힘들고 외로울 때가 많다. 언제부턴가 말을 건네기도 두려워졌고 점점 관계가 나빠지는 것이 견딜 수 없었다. 그런던 차에 먼저 공부한 친구의 권유로 부모역할훈련 수업을 듣게 되었다. 배워 가는 과정에서도 싸우게 되고 때로는 서럽고 외로웠지만 조금씩 아이들을 이해할 수 있는 엄마가 되어 가는 것 같아 기쁘고 뿌듯하다.

며칠 전엔 작은아이가 학교에서 돌아와 씩씩거리며 말했다.

"엄마, 나 한 달 동안 교실 청소하래!"

"뭘 잘못했는데?"라고 물었는데 "몰~라" 하면서 방문을 꽝 닫고 들어갔다.

그때서야 심리적으로 불안한 사춘기 아이에겐 질문도 추궁으로 들려 의사소통의 걸림돌이 된다는 사실이 생각났다. 그렇다고 지금 들어가 아이 마음을 읽어 줘야 소용없을 것 같아 아이를 눈여겨보며 기회를 보던 중 저녁 식사를 마치고 상냥한 목소리로 말했다.

"보람아, 선생님께서 한 달 동안이나 청소를 해야 한다고 해서 많이 속상하겠다. 그렇지?"

"응, 엄마! 난 진짜 속상해."

"오늘 아침에 늦잠을 자서 그러는 거야?"

"아니, 그게 아니라, 내 책상 밑에 쓰레기가 많아서요."

"쓰레기가 많아? 그랬구나."

“애들이 버려서 발로 뒤로 밀다 보니, 맨 뒷자리인 내 자리까지 왔어요. 선생님은 내가 다 버렸다고 생각하시나 봐요.”

“선생님이 쓰레기를 보람이가 다 버린 줄 아셔서 진짜 속상하겠다”라고 마음을 읽어주니까 “엄마, 사실 나도 조금은 버렸어요. 그래서 괜찮아요. 친구들이랑 같이 하자고 하면 돼요” 하면서 표정이 밝아졌다.

단지 아이의 마음을 알아주기만 했는데, 자신의 잘못을 인정하고 상황을 받아들이다니 고맙기까지 했다.

이렇게 아이를 이해하려고 노력하면서 관계도 좋아지고 내 마음도 편안해져 배우는 보람을 느낄 수 있었다. 남편도 아이들도 편한 아내, 편한 엄마가 되었다고 좋아했다.

# 가정교육은
# 3대 간다

    공자님은 40세에 불혹(不惑)하고, 50세에 지천명(知天命)하고, 60세에 이순(耳順)했다고 한다. 이순하기가 지천명보다 더 어렵다는 말이다.

    인간이 성숙하기는 참으로 더디고 힘든 일인 것 같다. 오죽하면 철들자 망령 든다는 말이 있을까. 남의 말을 고까워하지 않고 거부하지 않고 순순히 받아들이는, 말 그대로 귀가 순해지는 이순을 공자님도 60세에 했다니, 범부범부(凡夫凡婦)로 살아가는 보통 사람들은 60세에도 하기 힘든 것이 이순이리라.

    상담을 하는 사람들이 흔히 하는 말이 있다. 잘 말하는 것보다 잘 듣는 것이 훨씬 중요하다고. 입은 하나고 귀는 두 개니 말은 한 번 하면 듣기는 두 번 하자. 더 잘하려면 네 번 듣고 한 번 말하자. 그 이유는 귀는 두 개지만 오로지 그 역할은 듣기고, 입은 하나인데 중요한 역할만도 먹고 말하는 두 가지다. 따라서 그 역할을 비례로 말하면 4 : 1이 되는 것이다. 인간이 만든 신의 뜻을 따른다면 생긴 대로 살아야 하고 그러기 위해서는 듣기를 말하기의 2~4배로 해야 한다는 말이다.

어린아이가 말을 배우는 과정을 보아도 그러하다. 충분히 귀로 듣고 이해한 다음에 비로소 입으로 말하게 된다. 그래서 청각장애인은 비록 성대에는 이상이 없어도 말을 못하는 것이다. 듣고 익힐 기회를 갖지 못한 채 말하기를 시도할 수는 없기 때문이다.

이렇게 듣기와 말하기는 그 순서로 볼 때도 듣기가 먼저다. 말하자면 우리의 바람인 잘 말하기를 위해서는 잘 듣기가 선행 조건이라는 얘기다.

읽기, 쓰기가 학습 능력을 좌우한다면 듣기, 말하기는 인간관계를 좌우한다. 성취하는 삶을 사는 데 개인적인 능력보다 인간관계를 어떻게 하느냐가 훨씬 더 중요하다는 것은 이미 알고 있는 상식이다. 우리 삶의 성패를 좌우하는 인간관계를 잘하기 위해서 듣기, 말하기의 중요성을 좀 더 강조해야 할 것 같다. 그 역할을 학교 교육에 미루기보다 부모가 먼저 감당하는 것이 바람직할 것이다.

공자도 60세에 이룬 이순을 우리 부모들이 앞당기기 위해 노력한다면 자녀들은 행복한 세상을 만나게 될 것이다. 부모가 잘 듣기를 실천하는 만큼 부모 자녀 간의 대화가 원활해질 것이고, 자녀의 듣기 말하기 능력이 향상되어 자녀의 인간관계는 튼튼한 기초를 갖게 될 것이다.

자녀의 말을 편안한 마음으로 끝까지 듣고 앞질러 판단하지 않고 있는 그대로 자녀를 수용하는 부모가 되자. 그러한 노력은 부모가 아이에게 해 줄 수 있는 가장 가치 있는 일일 뿐만 아니라 부모 자신을 인격적으로 성숙시킨다. 잊지 말자. 능력 있는 부모보다 인격적으로 성숙한 부모가 더 좋은 부모라는 사실을.

노력하고 훈련하는 부모의 바람직한 모습을 보고 자란 자녀가 부모를 닮는 것은 순리다. 가정교육은 3대를 간다고 했다.

# IT천재, 부모들은 어떻게 키웠을까?

### 김희섭 지음 | 신국판 | 값 12,000원

청년 갑부 마크 주커버그, 스티브 잡스, 빌 게이츠. 문제아로 성장할 뻔한 이들이 부모의 믿음을 통해 어떻게 IT의 천재들이 되었는지를 보여준다. 컴퓨터에 푹 빠진 아이에게 수준 높은 컴퓨터 수업을 듣게 하고, 엔지니어링에 관심 많은 아들을 위해 이사를 가는 등 맹모삼천지교에 버금가는 이들 부모님의 특별한 자녀 교육 비법을 소개한다.

# 참 쉬운 청소

### 여희정 지음 | 크라운판 변형 | 값 11,500원

청소는 주기적으로 반복되는 일이라 노하우만 알면 빠른 시간 내에 끝낼 수 있다. 이 책에는 침실, 주방, 거실, 방, 욕실, 베란다, 신발장, 현관, 가전, 자동차 등 각 장소에 맞는 청소 노하우를 꼼꼼하고 친절하게 실었다.

# 참 쉬운 살림

### 여희정 지음 | 크라운판 변형 | 값 15,000원

옷장, 화장대, 거실, 냉장고, 욕실, 신발장, 베란다에 이르는 집 안의 모든 공간에 대한 수납 노하우와 꼼꼼하고 세밀한 청소 노하우, 수리, 수선, DIY에 이르는 모든 살림의 기술을 담았다. 친절하고 자세한 사진 설명으로 전하는 다채로운 살림 노하우를 따라 하다 보면 누구나 살림 전문가가 될 수 있다.

# 1억으로 짓는 힐링 한옥

### 박인호 · 서경석 지음 | 크라운판 변형 | 값 19,000원

자력으로 간단히 지을 수 있고, 건강에 좋고, 살기 편한 '힐링 한옥'을 짓는 노하우를 소개한다. 일반 건축비의 1/3인 1억 원으로 친환경 한옥을 짓는 방법을 전하고, 20여 채의 생생한 건축 현장을 풍부한 자료 사진과 함께 소개한다.

# 화성남과 금성녀는 왜 경제기사를 다르게 읽을까

### 김수희 지음 | 크라운판 변형 | 값 14,000원

신문, 인터넷, 스마트폰으로 접하는 수많은 경제기사에서 우리는 무엇을 선택해 받아들여야 할까? 또 행간에서 어떤 정보를 읽어내야 할까? 이 책에서는 화성남 금성녀라는 우리 시대의 개성 강한 남녀를 등장시켜 경제기사의 속내를 탐구해 나간다.